Spielen und Überlegen

Die Denkschule · Teil 1

W0249353

von

Gerhard N. Müller
Erich Ch. Wittmann

programm mathe 2000
von
Prof. Dr. E. Ch. Wittmann
und Prof. Dr. G. Müller

Ernst Klett Grundschulverlag
Leipzig Stuttgart Düsseldorf

Dieses Heft enthält Spielpläne für 10 Denkspiele der Stufe 1 und 10 Denkspiele der Stufe 2.
Die Spielregeln werden immer in einem eingerahmten, weißen Feld erklärt.
Das benötigte Spielmaterial findest du in der Beilage.
Lege es nach dem Spielen in einen Briefumschlag, damit es nicht verloren geht. Je öfter du ein Spiel spielst, desto mehr wird deine Denkkraft gestärkt:

Übung macht den Meister!

Viel Spaß beim „Spielen und Überlegen"!

Stufe 1

Inhaltsverzeichnis

Stufe 1

Schiebespiel 1

1 Spieler

Spielmaterial: Rote und blaue Spielsteine

Spielregel: Schiebe immer auf ein freies Nachbarfeld.
„Über Eck" ist verboten.
Zu Beginn werden die Plättchen immer auf die andersfarbigen Felder gelegt, d. h. rote Plättchen auf blaue Felder und umgekehrt. Am Ende müssen sie dann richtig liegen: Rot auf Rot und Blau auf Blau.

Aus 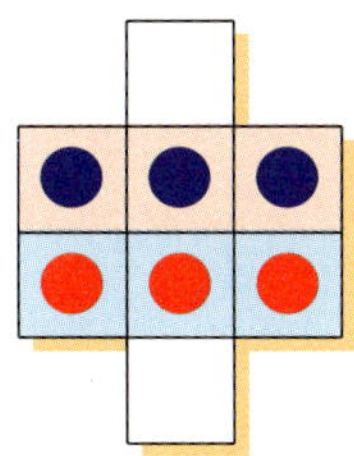 mache 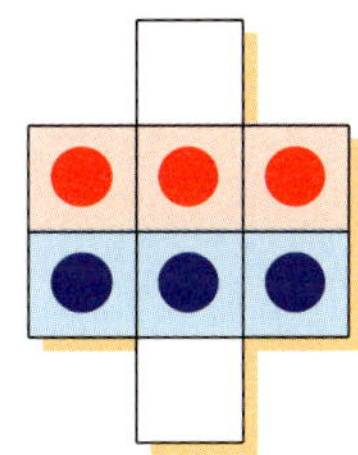

Schiebespiel 2

Aus 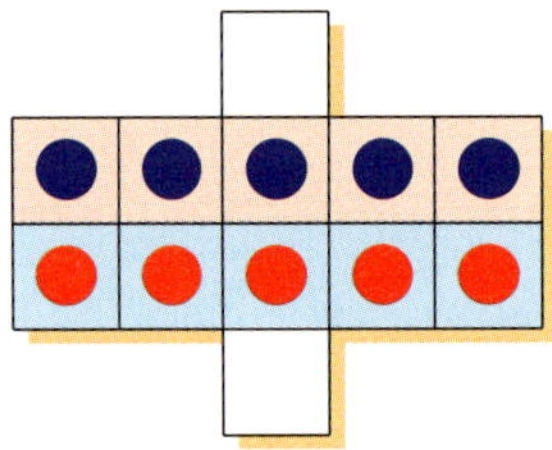 mache 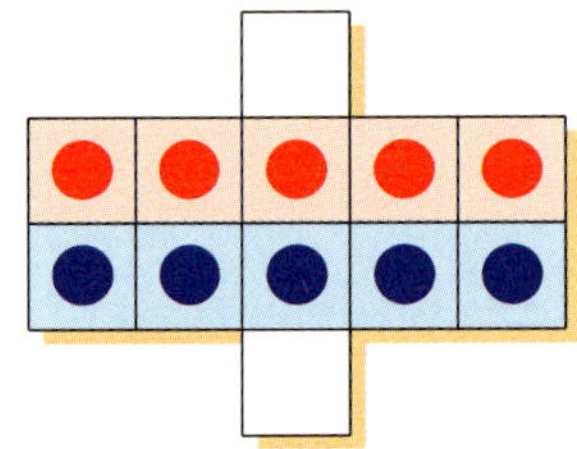

Schiebespiel 3

Aus 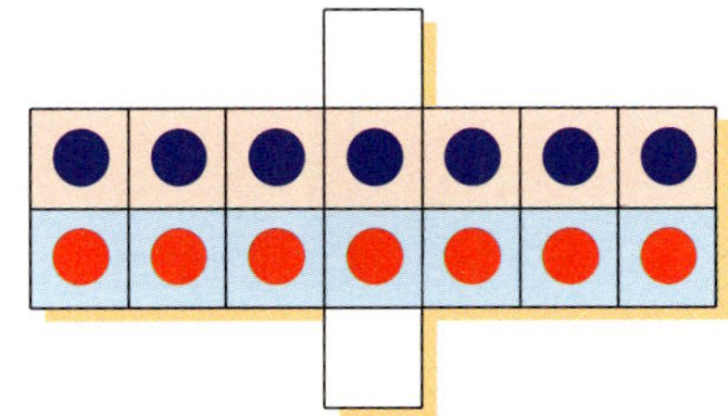 mache 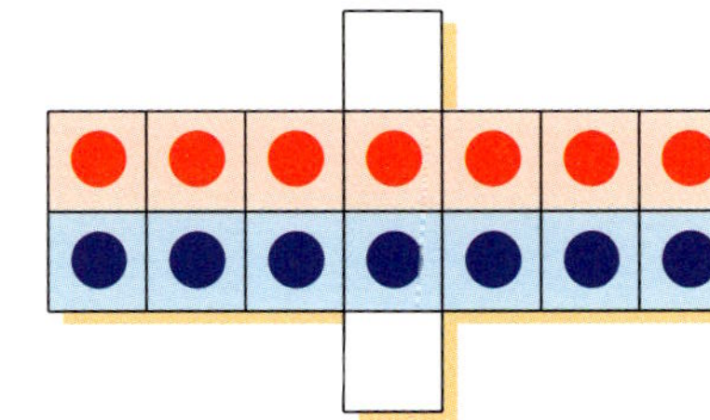

Schiebespiel 4

Aus 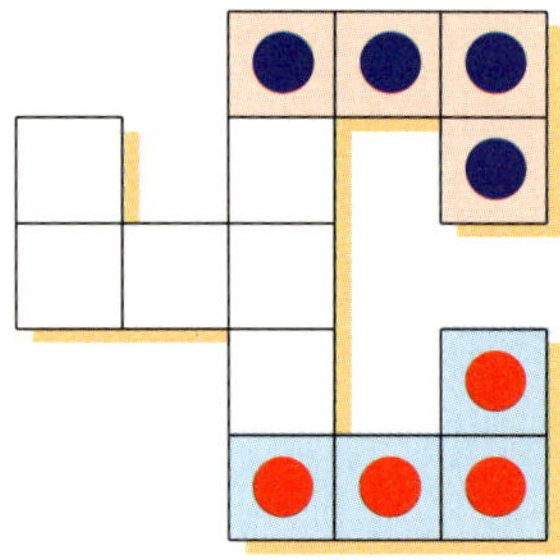 mache 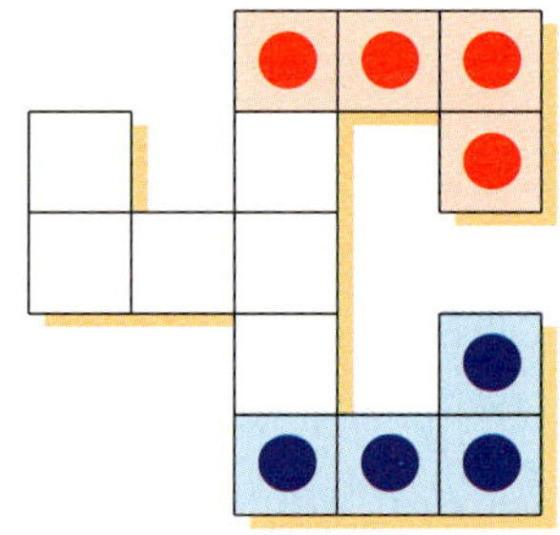

Dreiecks-Memory bis 10

4 Spieler
und Zuschauer

Spielmaterial: Rote und blaue Spielsteine

Spielregel: Der eine **Assistent** legt nur rote, der **andere** nur blaue Steine. Rot beginnt bei ①. Die Assistenten legen abwechselnd und füllen eine Reihe nach der anderen. Jeder legt von außen nach innen, aber jeweils nur einen Stein.
Der **Kandidat** muss die Reihenfolge der Felder richtig vorhersagen.
Der **Spielleiter** passt auf, dass richtig gelegt wird.

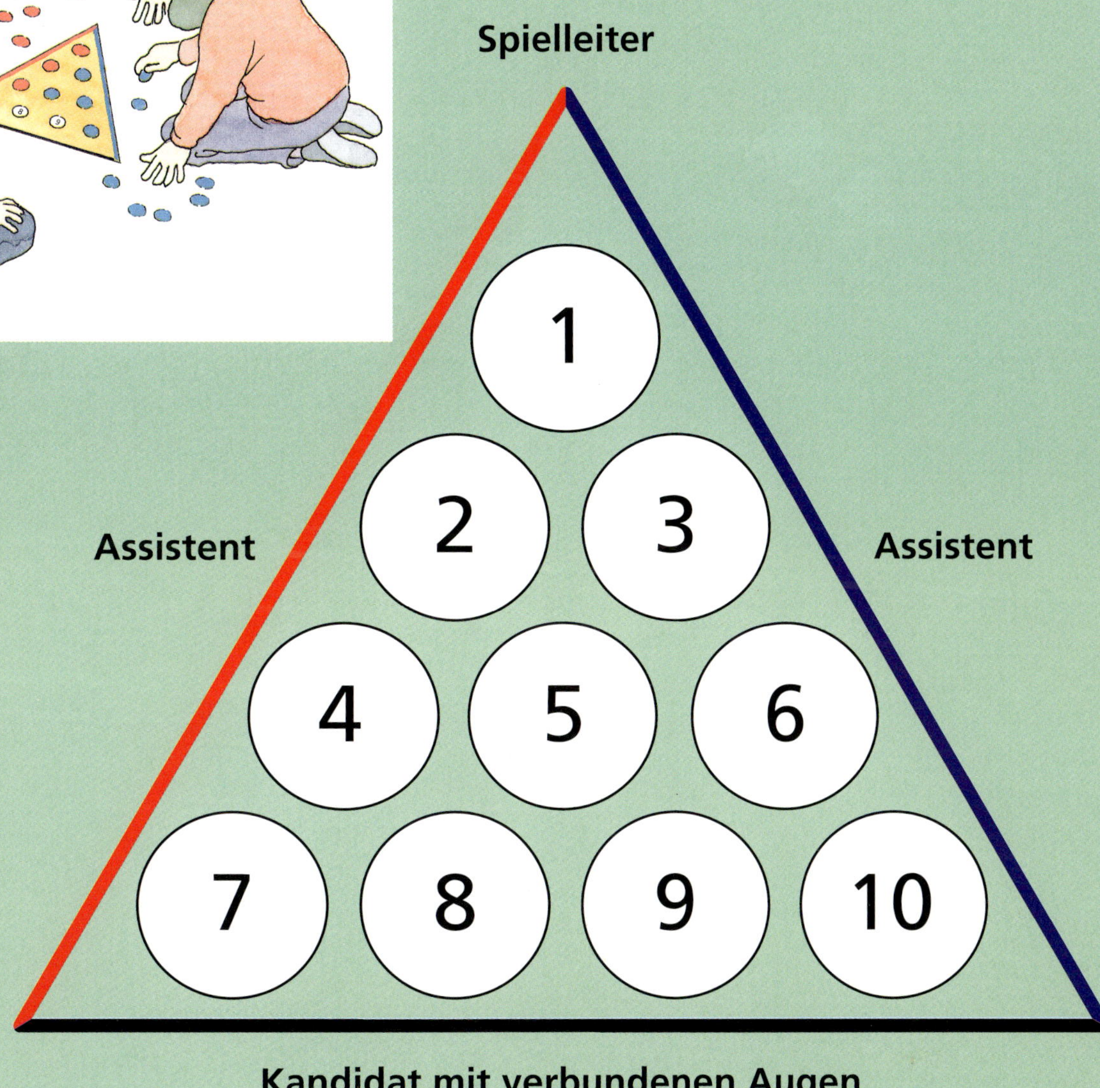

Dreiecks-Memory bis 15

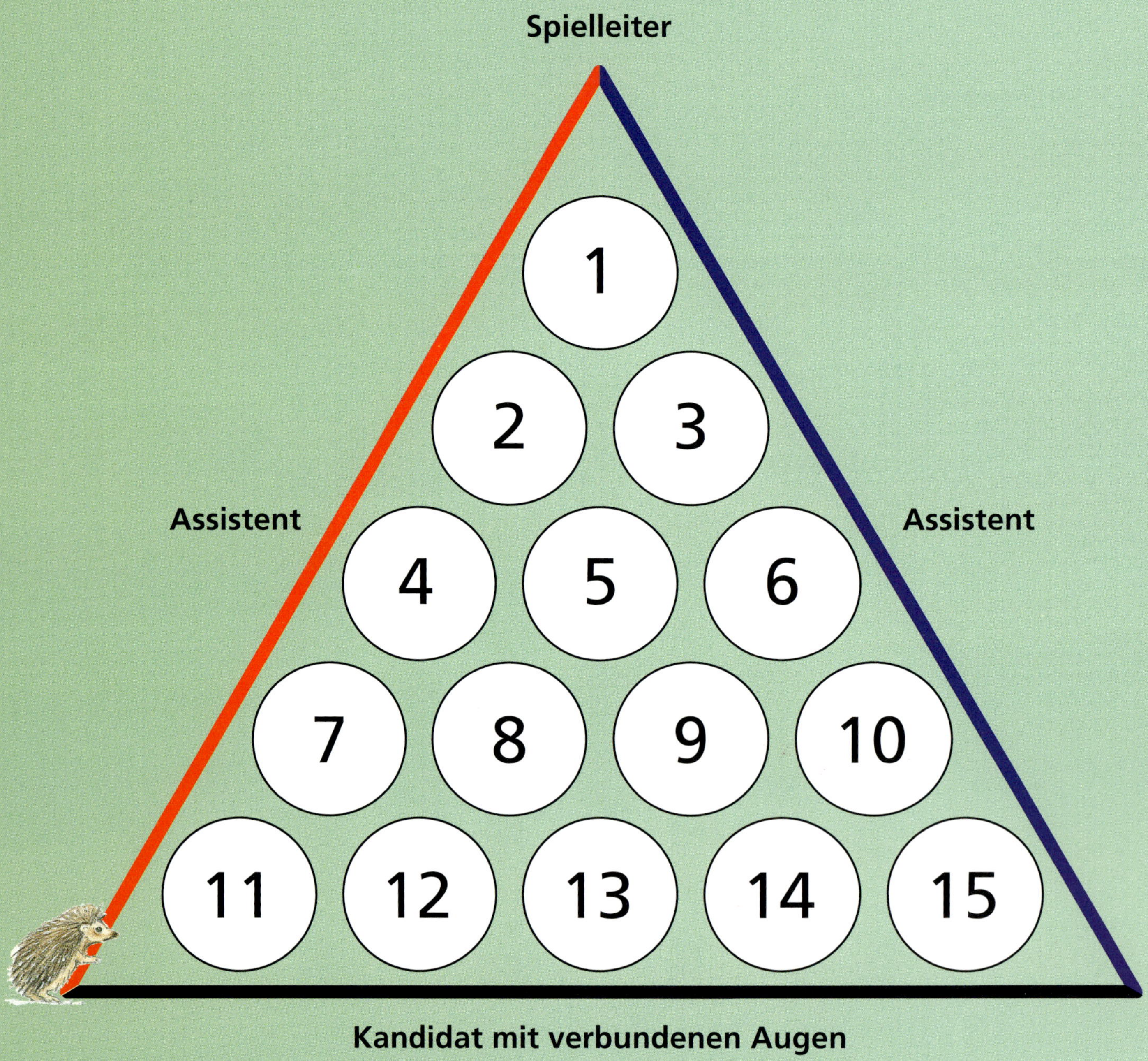

Dreiecks-Memory bis 21

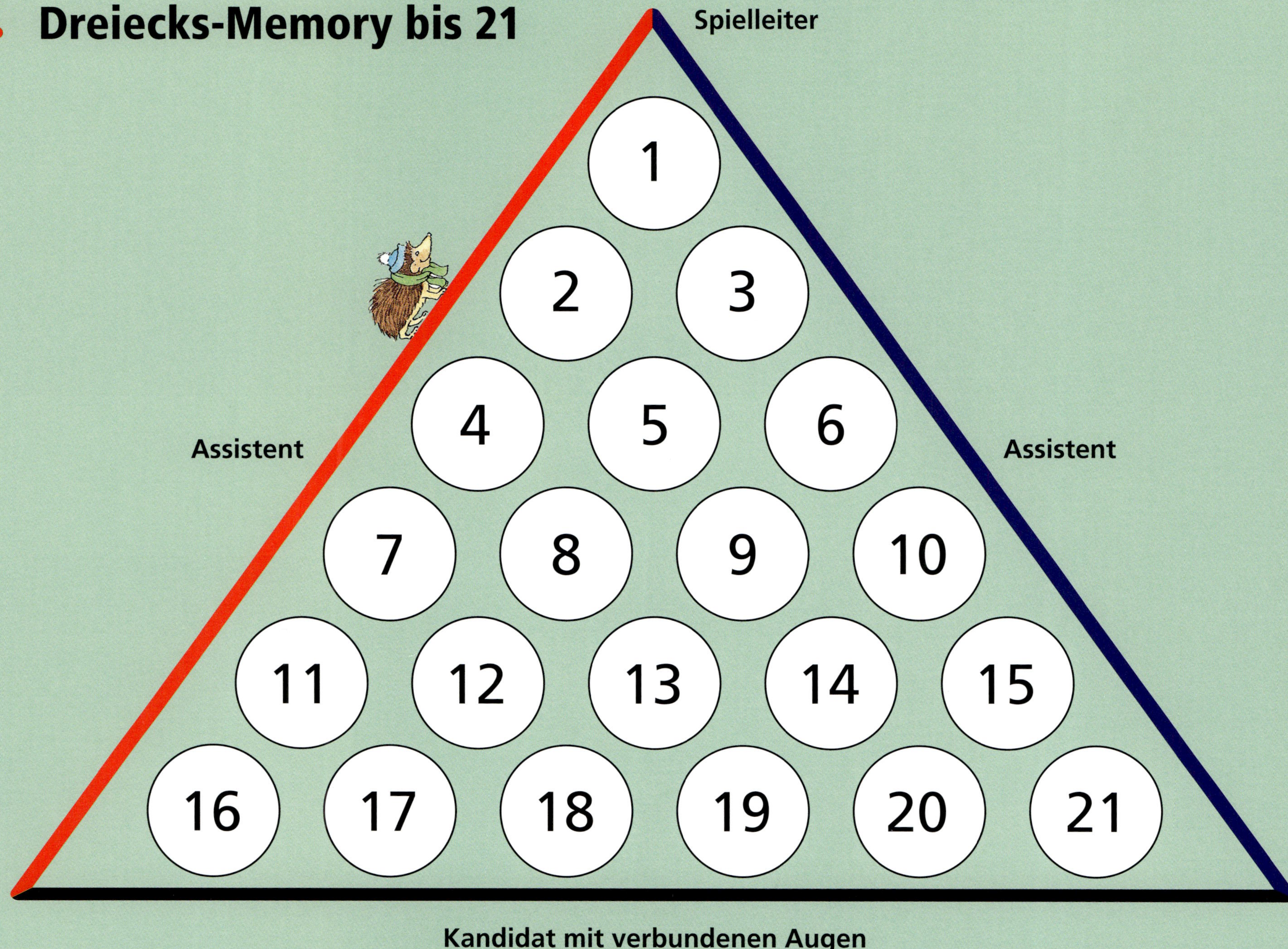

Die springenden Steine

1 Spieler

Spielmaterial: 9 Spielsteine

Spielregel: Lege die Spielsteine auf das Spielfeld.
Springe immer über einen Stein
auf ein freies Feld.
Entferne den übersprungenen Stein.
Am Schluss soll nur ein einziger Stein
übrig bleiben.

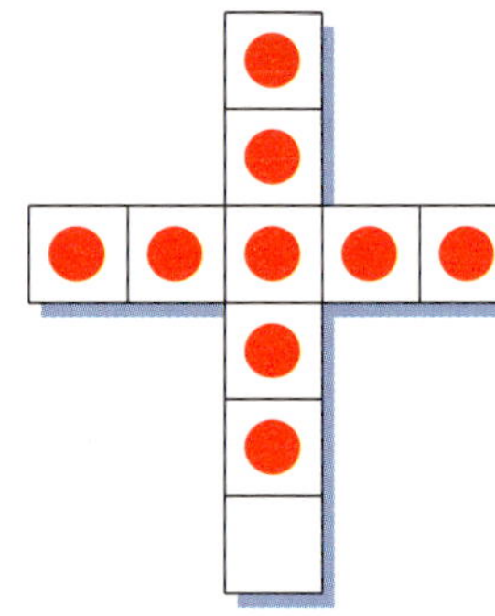

Ko-No

2 Spieler

Spielmaterial: 2 rote Spielsteine für den einen Spieler,
2 blaue für den anderen

Spielregel: Legt die Spielsteine auf das Spielfeld.
Entscheidet, wer beginnt.
Zieht abwechselnd entlang einer Linie
auf ein freies Nachbarfeld.
Wer den anderen blockiert, hat gewonnen.

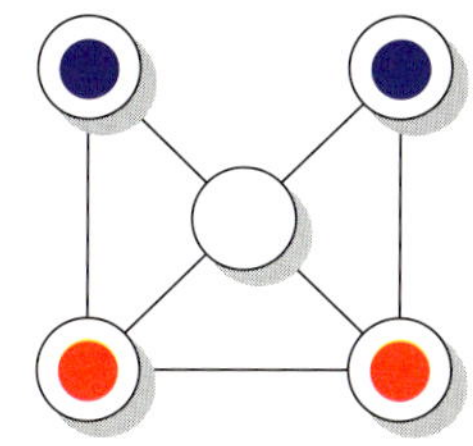

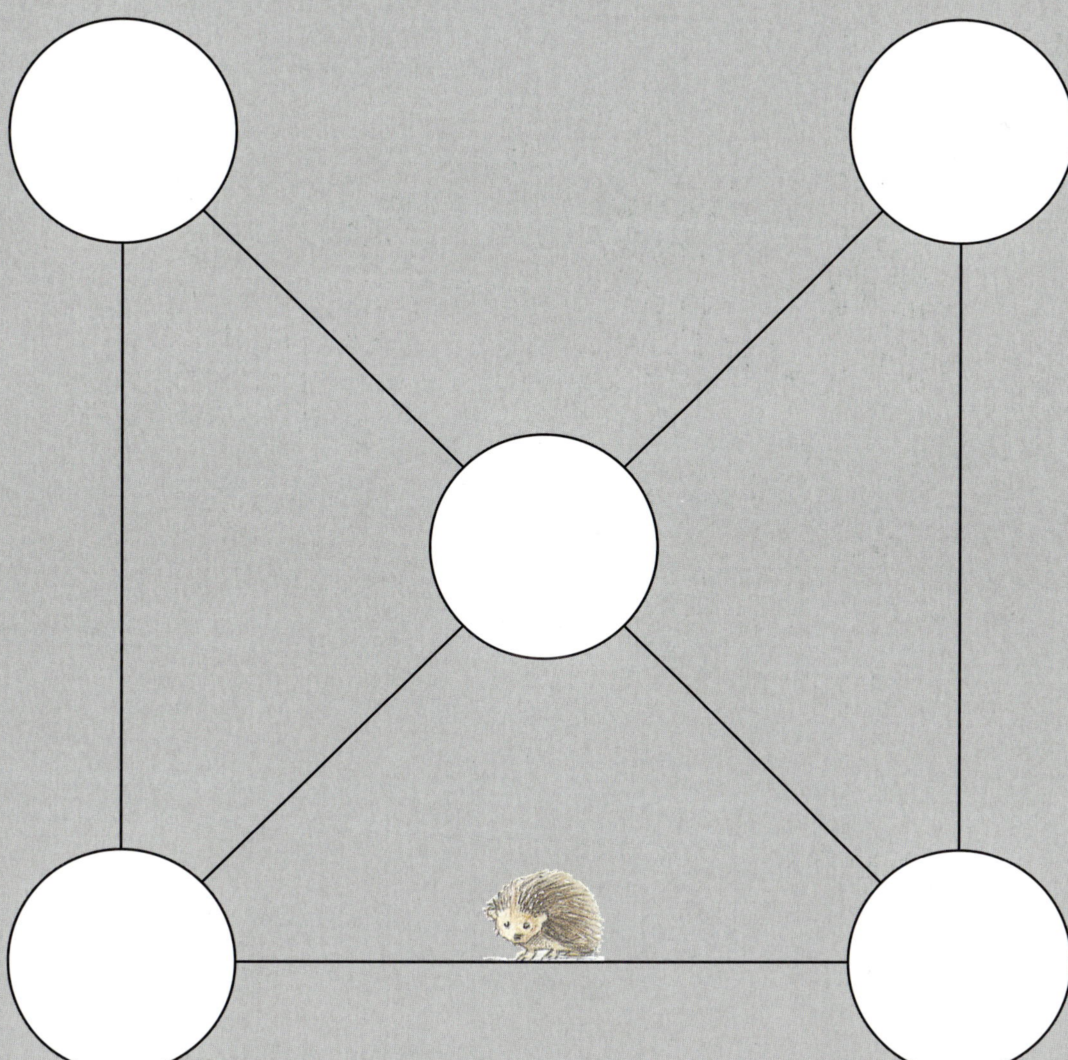

9er-Uhr

2 Spieler

Spielmaterial: Chips mit den Zahlen 1 bis 9

Spielregel: Der erste Spieler legt mit den Chips die 9er-Uhr.
Der zweite „zerstört“ die Uhr, indem er die Chips ganz beliebig umlegt.
Der erste Spieler muss die 9er-Uhr wieder herstellen.
Er darf immer auf freie Nachbarfelder schieben.

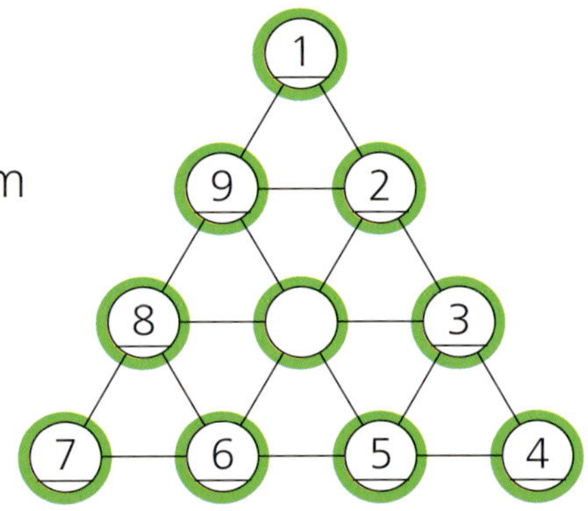

Lege schlau 1

1 Spieler

Spielmaterial: 6 geometrische Formen

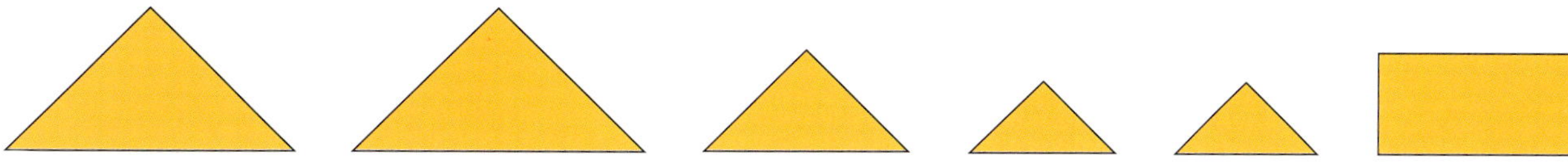

Spielregel: Lege mit einigen oder allen Formen die Figuren aus.

groß

mittel

klein

Lege schlau 2

Lege schlau 3

Lege schlau 4

groß

mittel

klein

ganz klein

Ausgleich der Felder

1 Spieler

Spielmaterial: 12 Spielsteine

Spielregel: Lege die Steine, so wie im Bild, auf das Spielfeld. Du darfst immer so viele Steine von einem Feld auf ein anderes schieben, wie dort schon liegen. Am Schluss sollen in jedem Feld gleich viele Steine liegen.

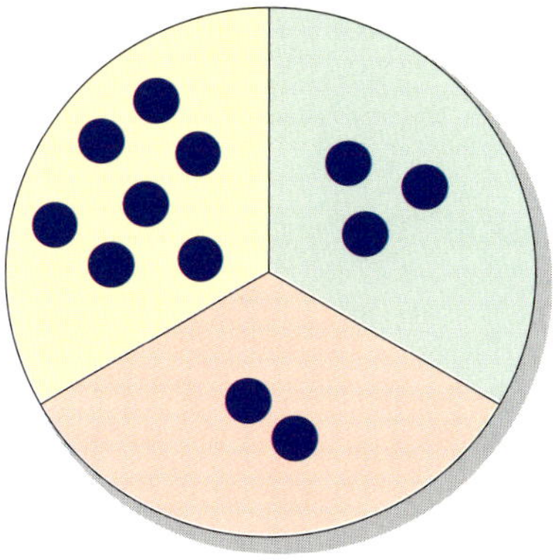

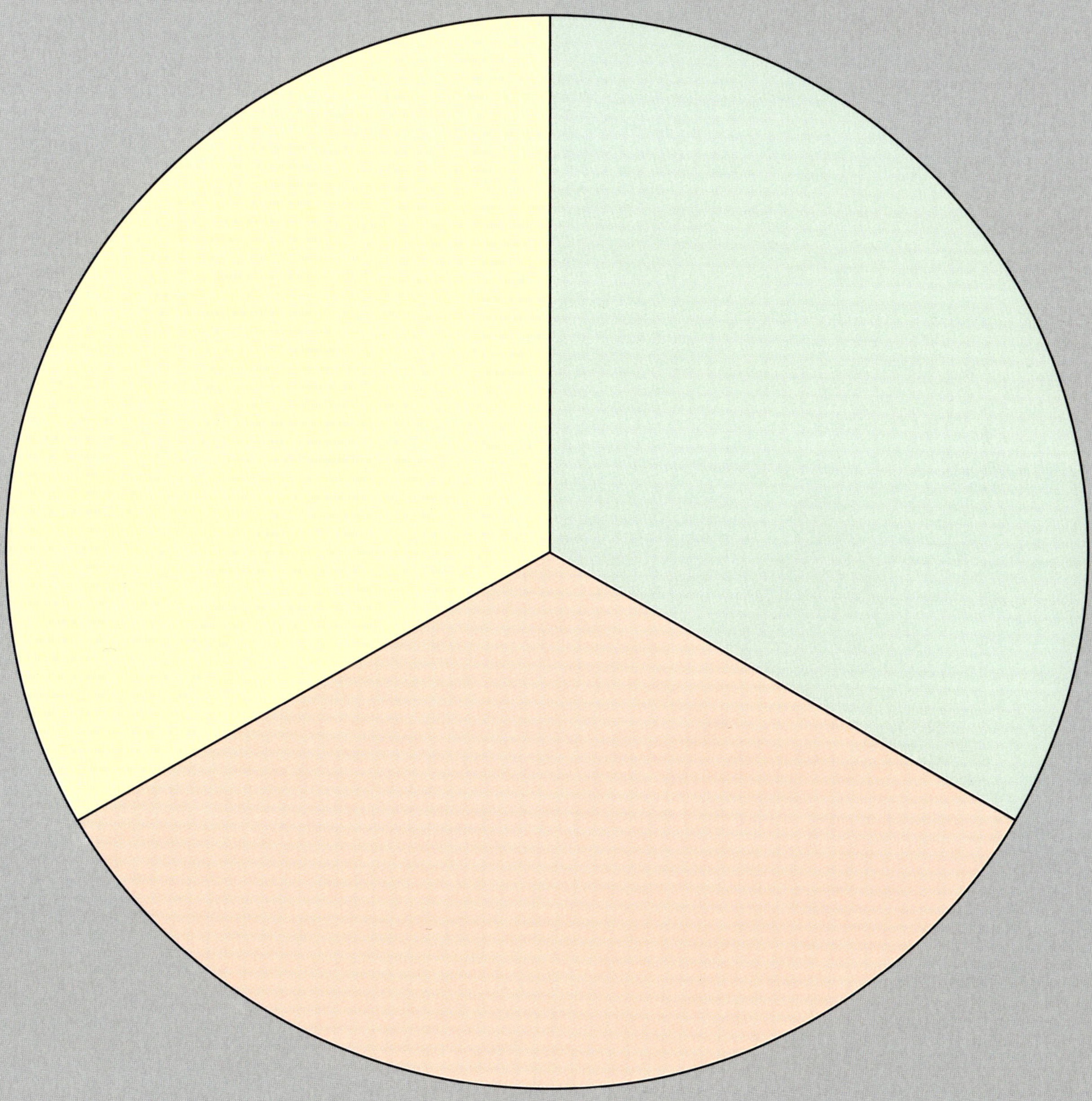

Spitze nach unten

1 Spieler

Spielmaterial: 10 oder 15 gleich große Münzen oder Plättchen
Lege mit den Münzen auf dem Tisch ein Dreieck mit der Spitze nach oben.

Spielregel:

Aus 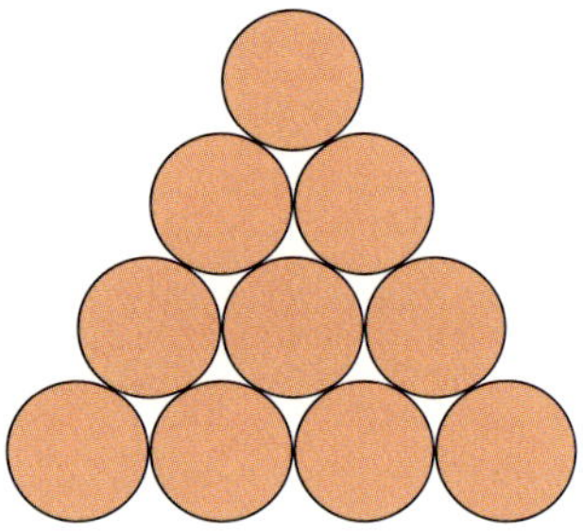 mache 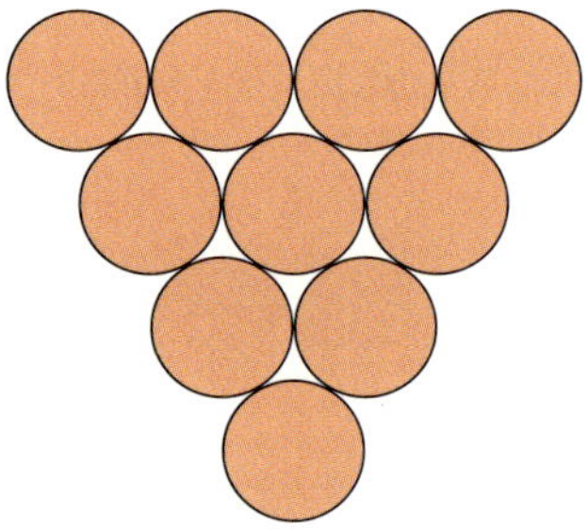

Du darfst nur 3 Münzen umlegen.

Spielregel:

Aus 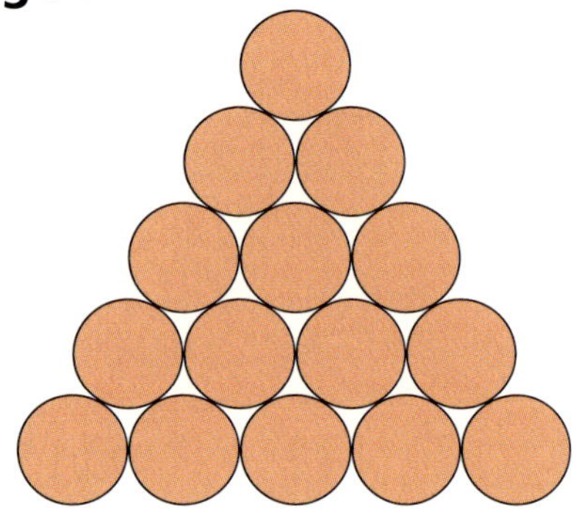 mache 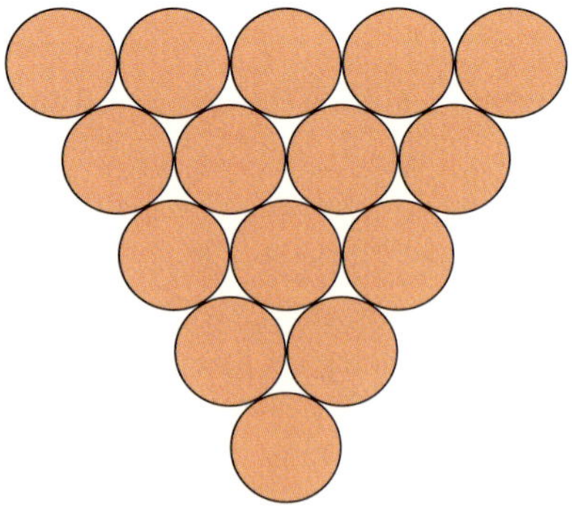

Du darfst nur 5 Münzen umlegen.

Stufe 2

Inhaltsverzeichnis

Stufe 2

Schiebespiel 1

1 Spieler

Spielmaterial: Rote und blaue Spielsteine

Spielregel: Schiebe immer auf ein freies Nachbarfeld. „Über Eck" ist verboten. Zu Beginn werden die Plättchen immer auf die andersfarbigen Felder gelegt, d. h. rote Plättchen auf blaue Felder und umgekehrt. Am Ende müssen sie dann richtig liegen: Rot auf Rot und Blau auf Blau.

Aus 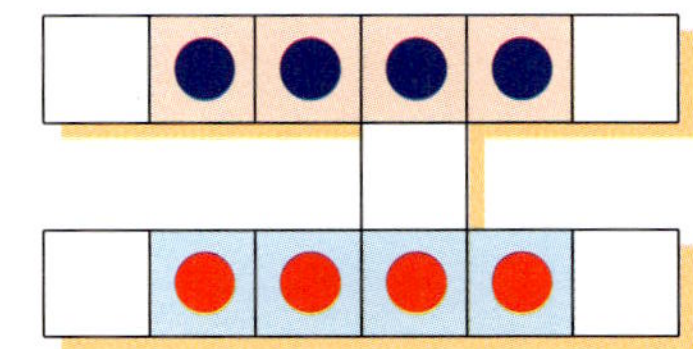 mache 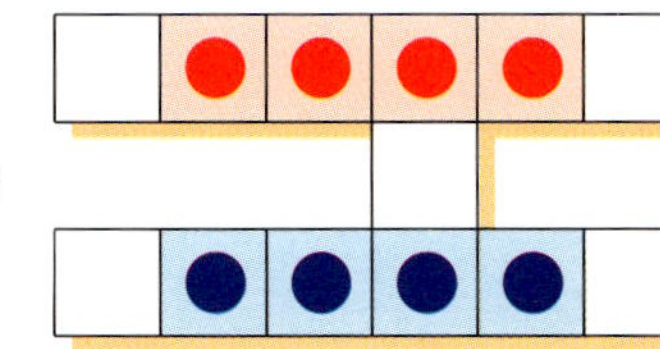

Schiebespiel 2

Aus 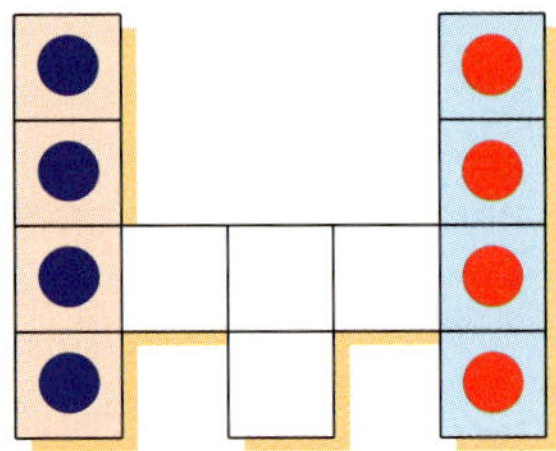 mache 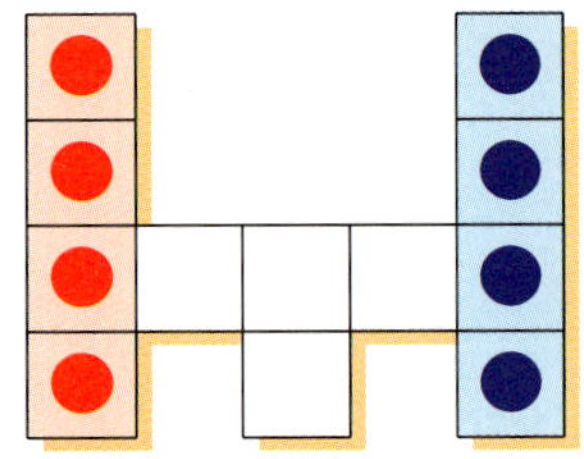

Spring im Dreieck

1 Spieler

Spielmaterial: 9 Spielsteine

Spielregel: Lege die Spielsteine auf das Spielfeld. Springe immer über einen Stein auf ein freies Feld. Entferne den übersprungenen Stein. Am Schluss soll nur ein einziger Stein übrig bleiben.

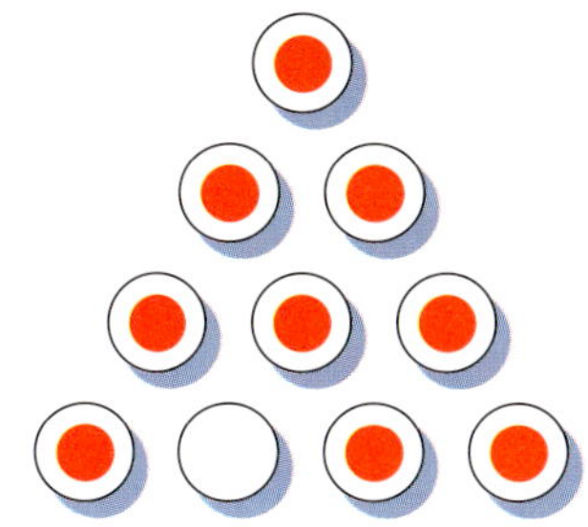

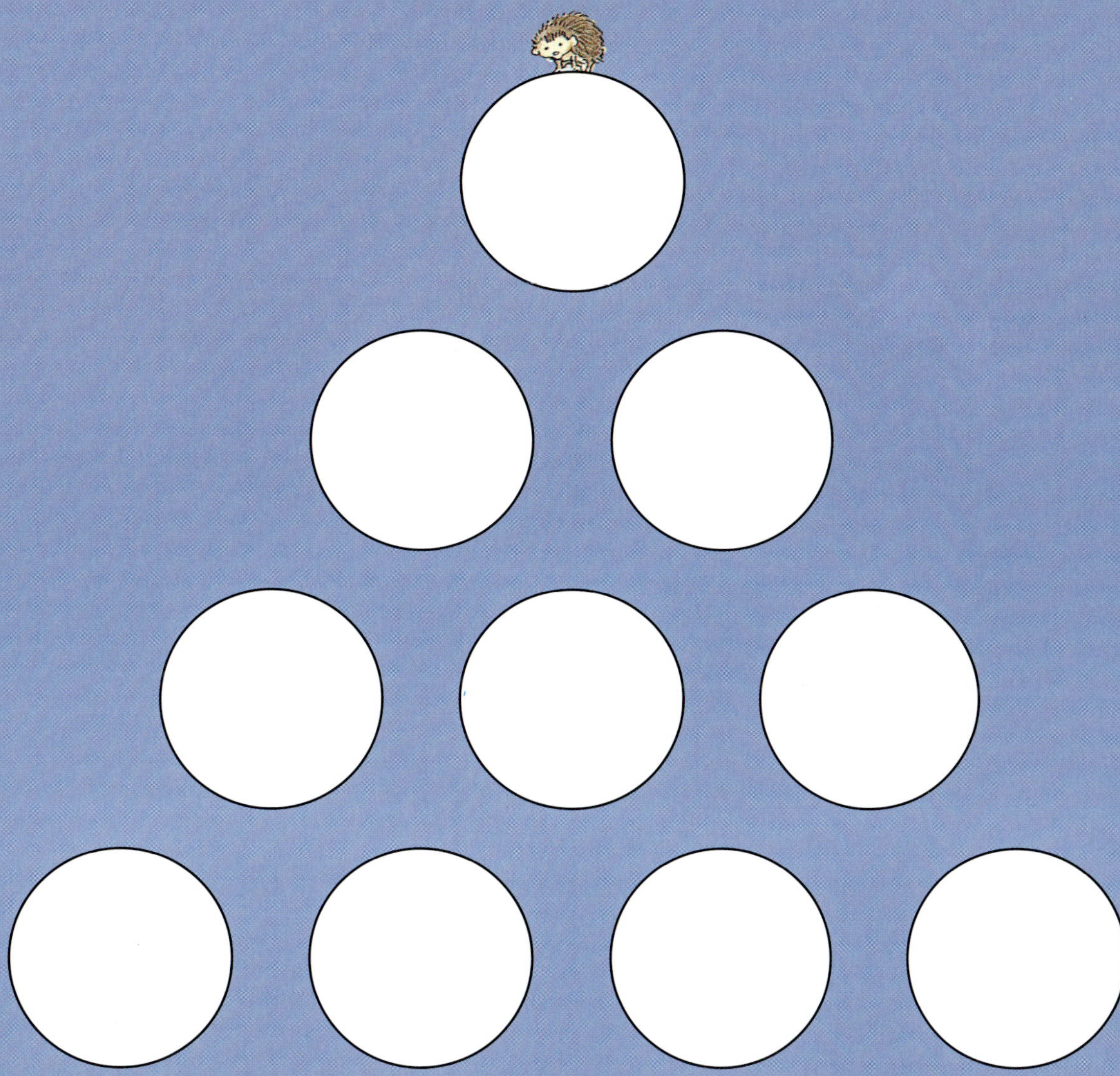

Mu-Torere

2 Spieler

Spielmaterial: 3 rote Steine für den einen, 3 blaue Steine für den anderen Spieler

Spielregel: Legt die Spielsteine auf das Spielfeld.
Entscheidet, wer beginnt.
Zieht abwechselnd entlang einer Linie auf ein freies Nachbarfeld.
Wer den anderen blockiert, hat gewonnen.
Beim allerersten Zug darf der Gegner aber nicht blockiert werden.

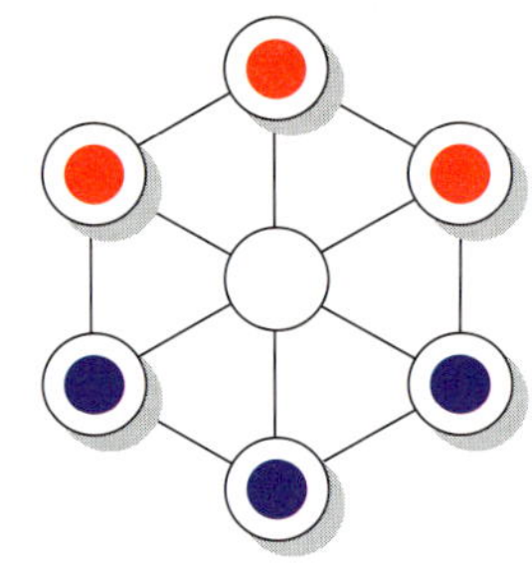

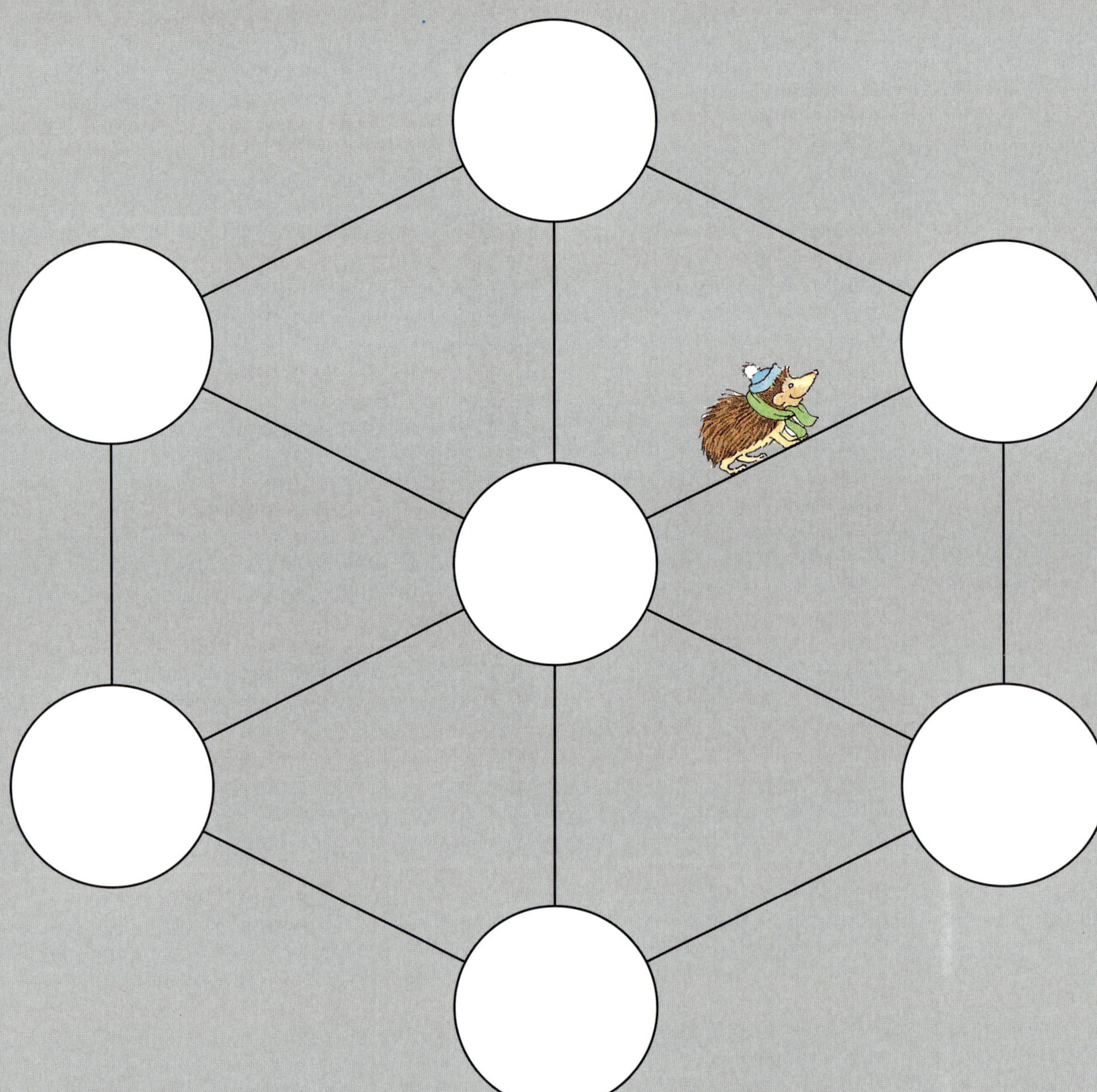

8er-Uhr

2 Spieler

Spielmaterial: Chips mit den Zahlen 1 bis 8

Spielregel: Der erste Spieler legt mit den Chips die 8er-Uhr.
Der zweite „zerstört“ die Uhr, indem er die Chips ganz beliebig umlegt. Der erste Spieler muss **entweder** wieder die 8er-Uhr **oder** die verkehrte 8er-Uhr herstellen.
Er darf immer auf freie Nachbarfelder schieben. „Über Eck“ ist verboten.

8er-Uhr

⑧	①	②
⑦		③
⑥	⑤	④

verkehrte 8er-Uhr

②	①	⑧
③		⑦
④	⑤	⑥

Tangram 1

1 Spieler

Spielmaterial: 7 geometrische Formen

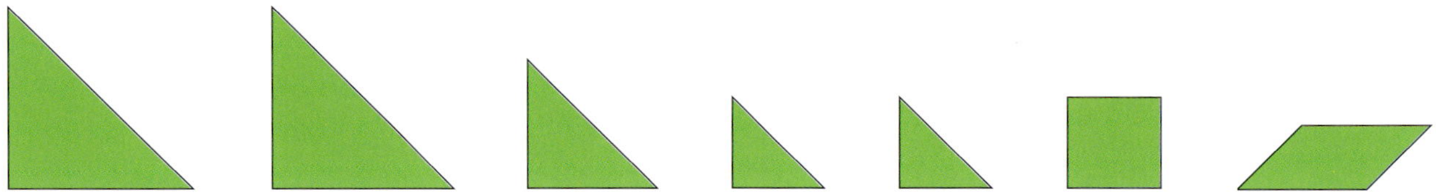

Spielregel: Lege mit den Formen die Figuren aus.

Rechteck

Quadrat

Tangram 2

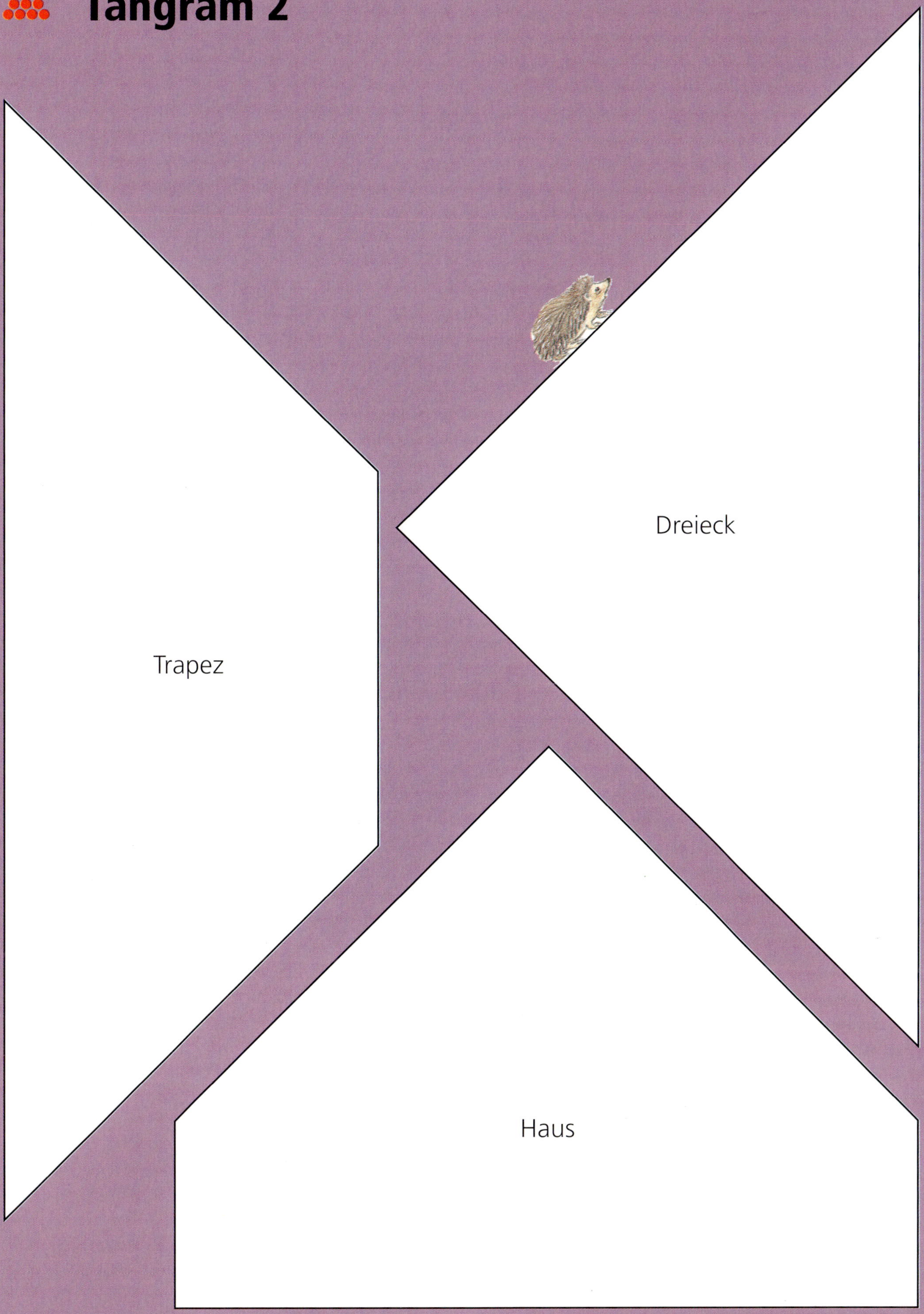

Tangram 3

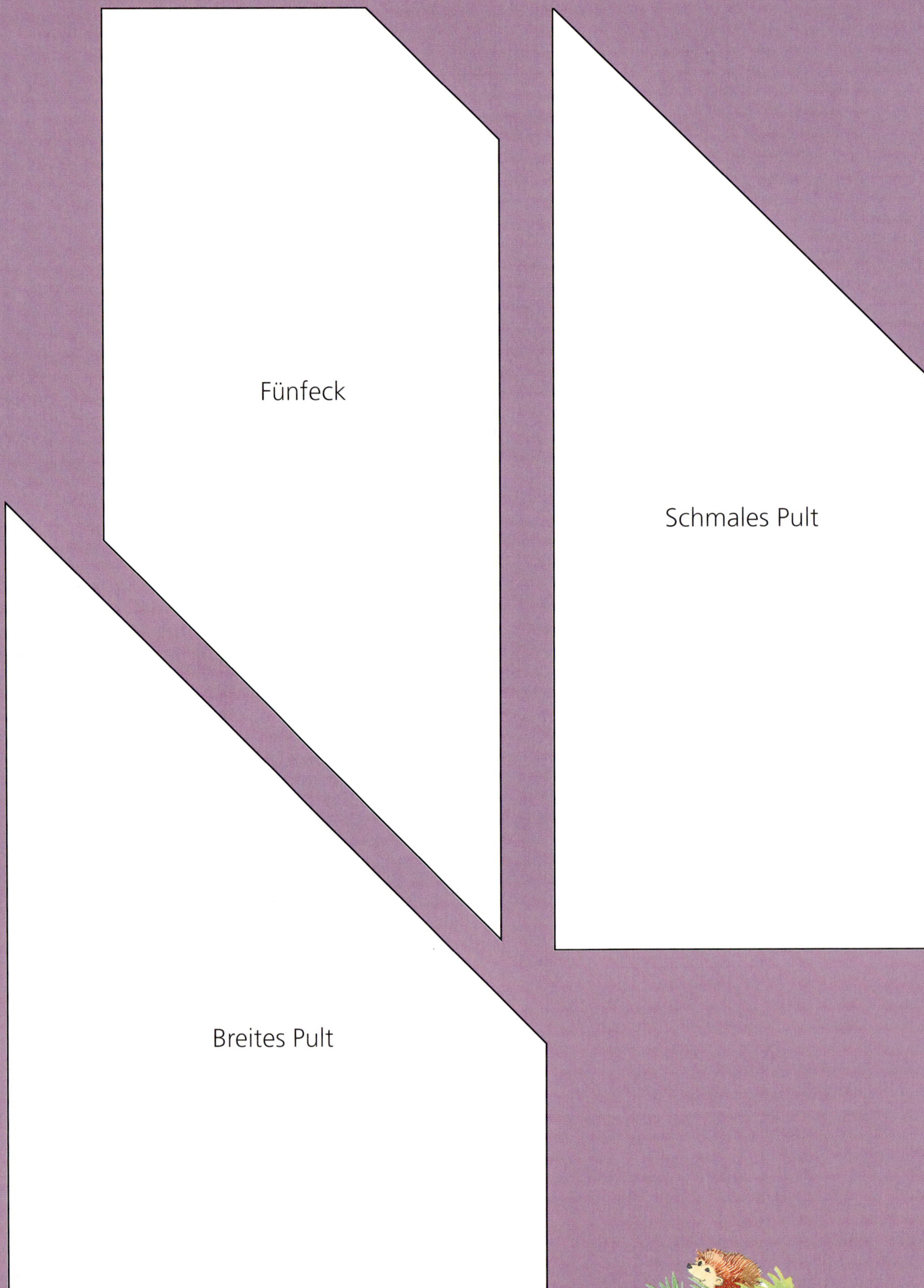

Tangram 4

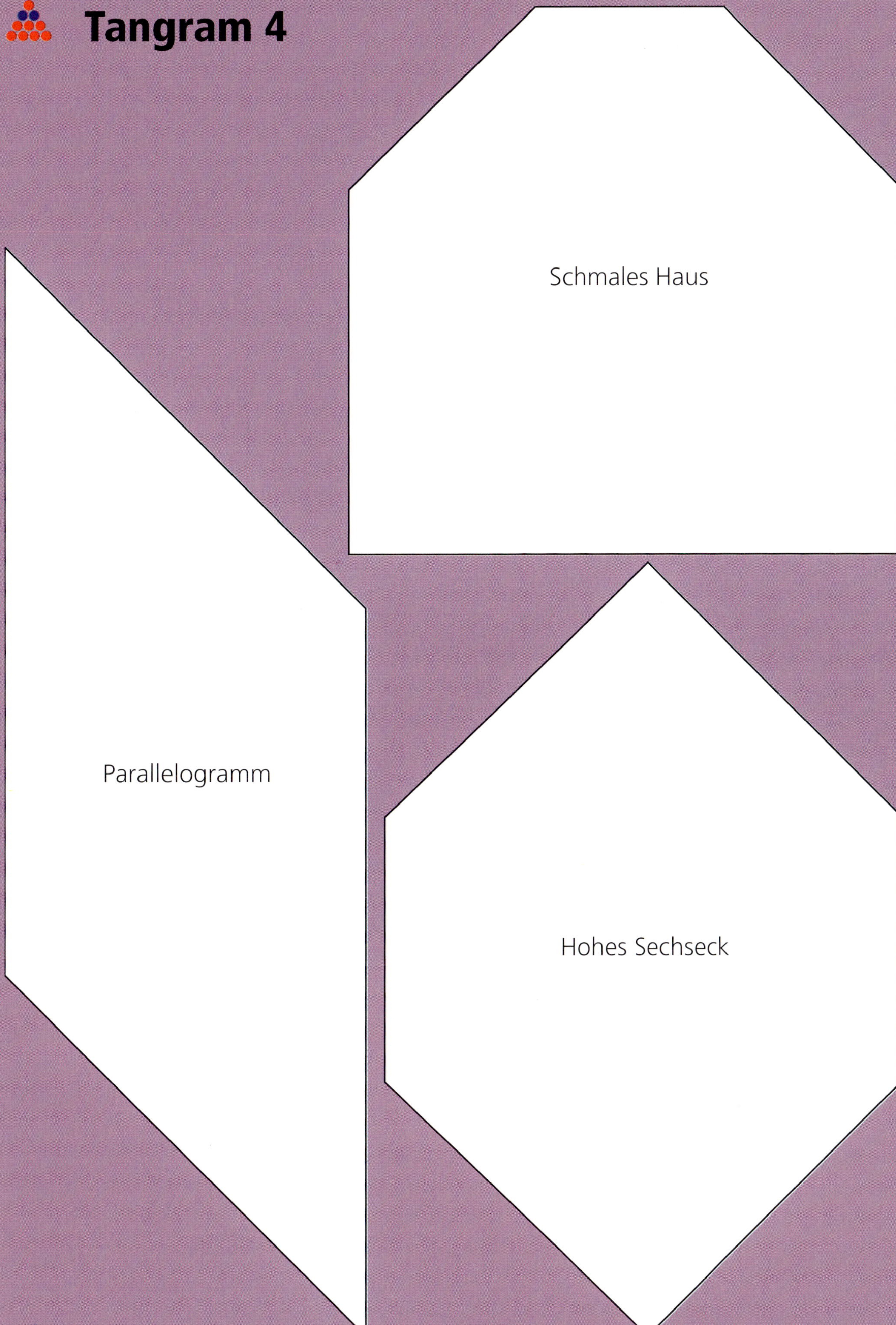

Tangram 5

Ausgleich der Felder

1 Spieler

Spielmaterial: 30 1-Cent-Münzen, 15 5-Cent-Münzen

Spielregel: Lege folgende Geldbeträge auf die Felder.
Du darfst immer so viel Geld von einem Feld wegnehmen und zu einem anderen Feld dazutun, wie dort schon liegt.
Wechseln ist erlaubt.
Am Schluss soll in jedem Feld der gleiche Betrag liegen.

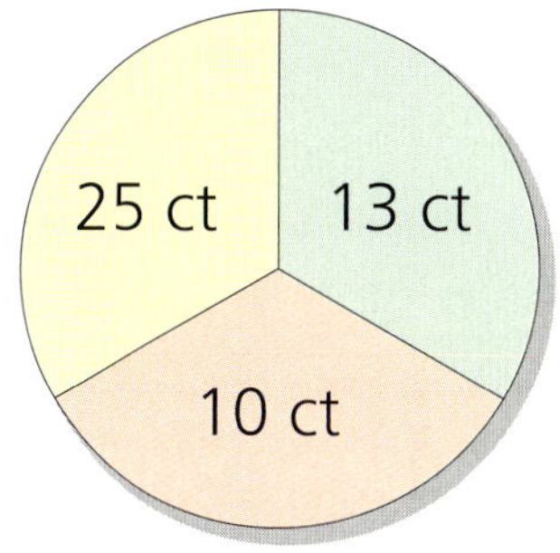

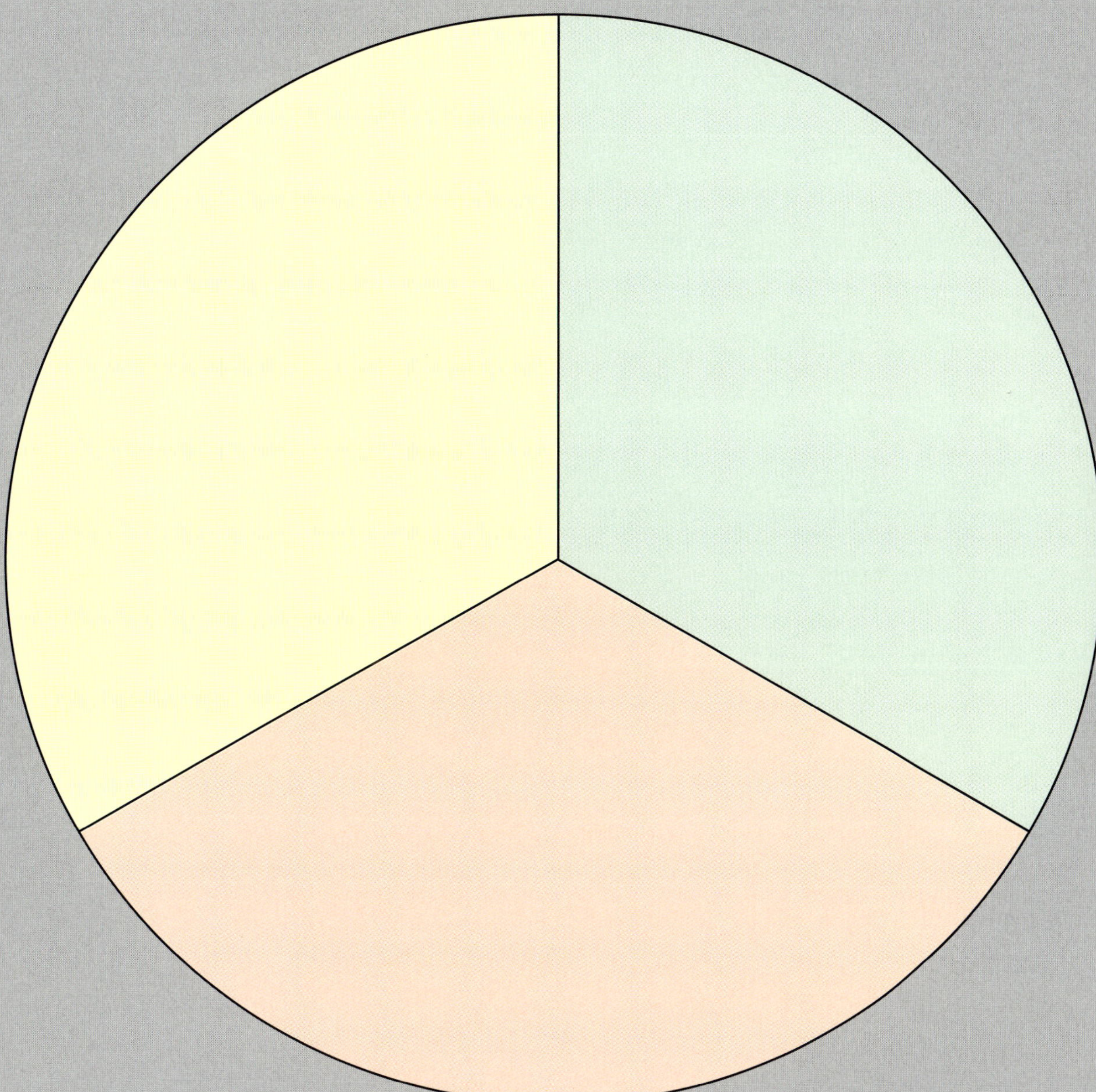

Paare verschieben

1 Spieler

Spielmaterial:
3 rote und 3 blaue Spielsteine

Spielregel:
Du darfst mit Zeige- und Mittelfinger immer ein Paar benachbarter Steine auf zwei freie Nachbarfelder transportieren ohne die Hand zu verdrehen.

Aus

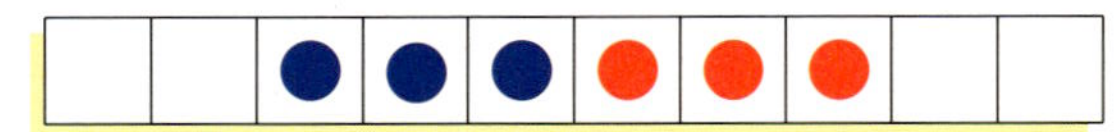

mache

Hinweise und Lösungen

Inhaltsverzeichnis

Hinweise und Lösungen

Hinweise zur Benutzung der Denkschule

Die Entwicklung kreativer Problemlösungsansätze in Verbindung mit kombinatorisch-logischem Denken hat in allen Wissensbereichen und Berufsfeldern grundlegende Bedeutung für überlegtes, zielgerichtetes Handeln. Die Einführung in diese Denkweise muss schon im Kindesalter erfolgen, indem an die Neugier, die kreative Fantasie und die natürliche Neigung von Kindern zum Spielen angeknüpft wird, d.h. durch ***Denkspiele***.
Wie die schier unerschöpfliche Literatur über diesen Bereich zeigt, sind Denkspiele seit Jahrtausenden in den Kulturen aller Erdteile verwurzelt. Ihr Bestand wurde im Laufe der Zeit immer stärker erweitert und bereichert, insbesondere auch durch die Pflege von Denkspielen in den Wissenschaften Mathematik und Logik. Diese lange Tradition zeigt, dass Denkspiele auf Jung und Alt einen besonderen Reiz ausüben. Bei Kindern geht es darum, ihr kreatives Potenzial zu ***entfalten***, bei Erwachsenen darum, es zu ***erhalten***. Genauso wie gute Kinderliteratur auch Literatur für Erwachsene ist, sind gute Denkspiele für Kinder und Erwachsene gleichermaßen geeignet.

Struktur der Denkschule

Die Denkschule von „mathe 2000" beinhaltet Denkspiele (mit verschiedenen Varianten), die nach folgenden Kriterien ausgewählt und bearbeitet wurden:

1. Die Spiele sollten ein möglichst breites ***Spektrum unterschiedlicher Denkanforderungen*** abdecken. Daher wurden folgende ***10 Typen*** von Spielen berücksichtigt: Platzwechselspiele, Solitärspiele, Strategiespiele (ohne Wettbewerbscharakter), Anordnungsspiele, Legespiele, Umordnungsspiele, Münzenspiele, Rangierspiele, Überfahrtsspiele und Spiele zum Gedächtnistraining.

2. Jeder Typ sollte auf jeder Stufe (Klassenstufe) auftreten, von Stufe zu Stufe mit ***langsam steigendem Schwierigkeitsgrad***.

3. Die Spiele sollten vielfältige Handlungsmöglichkeiten bieten, damit ***für alle Kinder***, nicht nur für leistungsstarke, ein Zugang und von Durchgang zu Durchgang eine Leistungssteigerung möglich ist. Ausgeklammert wurden daher „Knobelaufgaben", bei denen die Lösung nach vielen vergeblichen (und leicht frustrierenden!) Versuchen erst durch einen besonderen Einfall („Trick") gelingt.

4. Die Spiele verlangen in der Regel, eine Folge zielgerichteter Operationen zu finden und sich diese immer besser einzuprägen. Eine einmal gefundene oder abgeschaute Lösung sollte nicht ohne weiteres reproduzierbar sein, sodass die Kinder ***zum wiederholten Spielen*** (und Denken!) angeregt werden, wie es dem Wesen eines jeden guten Spiels entspricht. Von Mal zu Mal sollten für die Kinder Fortschritte spürbar sein, die sie motivieren, sich bis zur guten Beherrschung des Spiels zu steigern.

5. Damit beim gemeinsamen Spielen keine ungute Rivalität aufkommt, wurden ***Spiele mit Wettbewerbscharakter*** vermieden. Die meisten Spiele sind daher Spiele für einen einzigen Spieler bzw. für eine einzige Partei. Einige wenige Spiele sind zwar strategische Zwei-Personen-Spiele, aber solche, bei denen jeder Spieler „Patt" erzielen kann. Ein Spieler verliert also nur, wenn er nicht aufpasst, nicht weil ihm der andere Spieler überlegen ist.

6. Die Spiele sollten ***materialbezogen*** sein, also „Denkhandlungen" erlauben, damit die Spielzüge leicht verfolgt, überdacht, korrigiert und besprochen werden können.

Zur Einführung der Spiele

Der pädagogische Wert jedes Denkspiels kann am besten eingeschätzt werden, indem man es selbst spielt bzw. sich selbst an ihm versucht.
Jedes Spiel ist auf dem Spielplan kurz beschrieben. Diese Spielanleitung reicht für die Kinder aber meist nicht aus, um die Regeln unmissverständlich zu erschließen. Sie soll nur als Gedächtnisstütze dienen, nachdem das Spiel vorgemacht und erklärt worden ist. Im nächsten Abschnitt werden die Spiele mit den Regeln ausführlich erläutert, sodass Lehrer, Eltern, andere Erwachsene oder ältere Kinder die Regeln nachlesen und dann erklären können.
Zunächst sollten die Kinder lediglich in das Spielfeld, das Spielmaterial und die Regeln eingeführt werden. Sie können sich dann in Freizeit oder im Rahmen der Freiarbeit selbstständig damit beschäftigen und ihre

Erfahrungen zunächst unter sich austauschen. Von Zeit zu Zeit kann man sie nach ihren Erfahrungen befragen.

Der nächste Abschnitt enthält außer den Spielbeschreibungen auch Hinweise zur Lösung. Diese Hinweise sollten möglichst erst dann gelesen werden, wenn man selbst die Lösung gefunden hat. ***Den Kindern gegenüber sollten die Lösungshinweise zurückgehalten werden***, da sonst die Freude an der eigenen Anstrengung und am eigenen Erfolg genommen und damit der Zweck der Denkschule untergraben würde. Allenfalls sollten die Lösungshinweise herangezogen werden um einzuschätzen, wie weit die Kinder schon gekommen sind, und um ggf. kleine Tipps für die Weiterarbeit zu geben, falls auch nach längerer Beschäftigung kein Fortschritt erzielt worden ist.

Hinweise zu den einzelnen Spielen

Zur besseren Verständigung werden die Spiele für das Folgende außer mit ihrem Namen durch einen „Zahlen-Code" gekennzeichnet: Die erste Ziffer bezeichnet die Stufe, die zweite die Nummer innerhalb der Stufe. In Klammern ist der Typ angegeben. (Diese Codierung wird in Teil 2 der Denkschule beibehalten.)

1. Die Denkspiele der Stufe 1

(ab 6 Jahren)

Hierzu gehören folgende Spiele:

1.1 „Schiebespiele" (Platzwechsel)
1.2 „Dreiecks-Memory" (Gedächtnisspiel)
1.3 „Die springenden Steine" (Solitärspiel)
1.4 „Ko-No" (Strategiespiel)
1.5 „9er-Uhr" (Anordnungsspiel)
1.6 „Lege schlau" (Legespiel)
1.7 „Ausgleich der Felder" (Umordnungsspiel)
1.8 „Spitze nach unten" (Münzenspiel)
1.9 „Enge Straße" (Rangierspiel)
1.10 „Wanderer am Fluss" (Überfahrtsspiel)

1.1 „Schiebespiele"

(Spielpläne S. 1, 2, 3, 4)

Spielregeln

In der Ausgangsposition befinden sich auf jedem der vier Spielpläne die blauen Steine auf den roten, die roten Steine auf den blauen Feldern. Das Ziel besteht darin, Stein für Stein so zu verschieben, dass sich am Ende die Steine jeweils auf den richtigen Feldern befinden: Rot auf Rot und Blau auf Blau. Eine Verschiebung darf aber nur auf ein freies Nachbarfeld vorgenommen werden, das sich links, rechts, oberhalb oder unterhalb befindet. Eine Verschiebung „über Eck" ist nicht zugelassen. Auch Überspringen ist verboten. Die Farbfolge ist jedoch völlig beliebig.

Lösungshinweise: Die Lösung ist bei den drei ersten Spielplänen unproblematisch. Auch wenn die Kinder umständlich vorgehen, werden sie schließlich zum Ziel gelangen.

Beim vierten Spielplan (Abb. 1) muss man zuerst lernen, den freien Haken auszunutzen und etappenweise vorzugehen:

Abb. 1

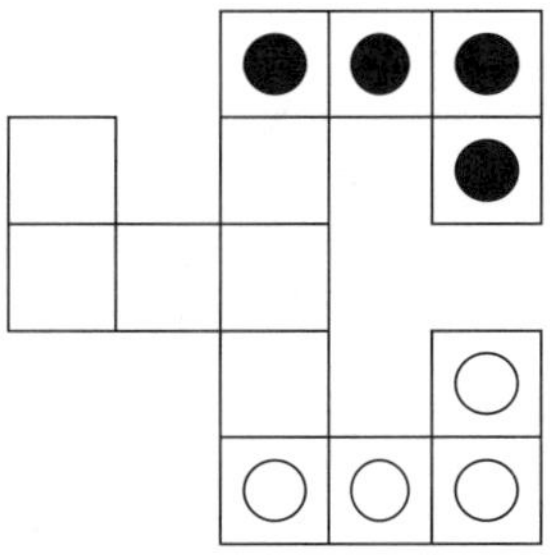

Drei blaue Steine wandern in den freien Haken. Die vier roten ziehen möglichst weit nach oben, sodass der Weg für die drei blauen in die Endposition frei wird. Jetzt ist noch der „eingeklemmte" blaue Stein zu befreien. Dazu ziehen drei der vier roten Steine in den freien Haken. Der vierte rote zieht mit dem vierten blauen am freien Haken vorbei und gibt für die roten im Haken den Weg in die Endposition frei. Schließlich rückt der vierte blaue Stein in den Haken, sodass der vierte rote nach oben ziehen kann, womit der Weg zur Endposition auch für den vierten blauen Stein offen ist.

Das vorübergehende Zurückholen von Steinen, die schon „in trockenen Tüchern" zu sein scheinen, ist für Denkspiele typisch.

1.2 „Dreiecks-Memory"

(Spielpläne S. 5, 6, 7)

Dieses Spiel, zu dem mindestens vier Spieler (1 „Spielleiter", 2 „Assistenten" und 1 „Kandidat") benötigt werden, ist die Abwandlung eines Spieles aus dem afrikanischen Kulturkreis und beinhaltet eine besonders feinsinnige Pädagogik.

Spielregeln

Der ***Spielleiter*** sitzt an der Spitze des Spielfeldes und achtet darauf, dass die Regeln eingehalten werden. Ihm gegenüber sitzt mit ***verbundenen Augen*** der ***Kandidat.*** Die beiden ***Assistenten*** sitzen vom Kandidaten aus gesehen links an der ***rot*** gefärbten Seite des Dreiecks bzw. rechts an der ***blau*** gefärbten Seite. Sie legen ***abwechselnd*** ein Plättchen ***ihrer Farbe*** nach dem anderen auf die Felder, und zwar in der obersten Reihe beginnend, jeder von seiner Seite aus von außen nach innen. Sie gehen erst dann zur nächsttieferen Reihe über, wenn eine Reihe voll belegt ist. Zu legen beginnt der (vom Kandidaten aus gesehen) links sitzende Assistent mit Feld 1, das also mit „rot" belegt wird.

Für das Spielfeld mit 5 Reihen (15 Felder, Abb. 1) ergibt sich daraus folgende Legefolge der Felder:

1	3	2	6	4	5	7	10	8	9	11	15	12	14	13
r	b	r	b	r	b	r	b	r	b	r	b	r	b	r

Abb. 1

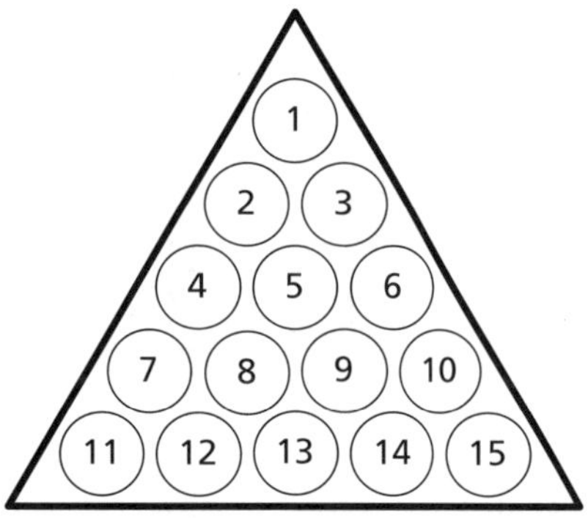

Die Assistenten legen aber ihr Plättchen erst, wenn der Kandidat, der das Spielfeld ja nicht sehen kann, die Nummer des Feldes zuvor genannt hat. Aufgabe des Kandidaten ist es also, die Reihenfolge der Felder aus dem Gedächtnis richtig aufzusagen. Sobald er einen Fehler macht, hat er die Prüfung nicht bestanden und ein anderer Kandidat kommt zum Zuge.
Zur Demonstration der Regeln werden die Kinder um einen Tisch versammelt, einer wird zum Spielleiter, zwei andere werden zu Assistenten ernannt und lernen vor den Augen der anderen die Legeregel. Wenn das Endfeld erreicht ist, werden die Legeregeln ein zweites Mal demonstriert, indem die Plättchen (von oben beginnend) wieder weggenommen werden. Man erspart sich dadurch das „Abräumen" der Plättchen nach jedem Spiel. Anschließend werden die Plättchen noch ein paarmal gelegt bzw. weggenommen, wobei zusätzlich die Feldnummern ***laut*** genannt werden.
Wenn die Legeregeln verstanden sind, können die ersten „mutigen" Kinder bereits als Kandidaten antreten. Der Spielleiter muss darauf achten, dass die Plättchen von den Assistenten richtig gelegt und die zugehörigen Feldnummern von dem Kandidaten richtig benannt werden.
Für das Spielfeld mit 6 Reihen (21 Felder) ergibt sich für die Legereihenfolge der 6. Zeile in Fortsetzung der Reihenfolge des Spielfelds mit fünf Reihen:

(... 14 13)	21	16	20	17	19	18
(... b r)	b	r	b	r	b	r

Die Legereihenfolge für das Spiel mit 10 Feldern (in Form des „mathe 2000"-Logos) ergibt sich aus der mit 15 Feldern, indem die letzten 5 Angaben weggelassen werden. Das letzte Feld ist dann das mit Nummer 9.

Das Spiel kann sehr gut mit „Zuschauern" (insbesondere im Unterricht) gespielt werden. Die Erfahrung zeigt, dass ganze Klassen dem Geschehen mit Spannung folgen, ohne dass Unruhe entsteht. Kinder, die sich die Rolle des „Kandidaten" noch nicht zutrauen, können sich beim Zuschauen unauffällig in das Spiel einüben. Wer nicht ganz zum Ziel kommt, erhält jederzeit eine neue Chance, beim nächsten Mal weiter zu kommen, vielleicht bis zum Ziel. Wer das Spiel schon gut beherrscht, kann als Spielleiter fungieren.

1.3 „Die springenden Steine"

(Spielplan S. 8)

Spielregeln

Die Steine werden auf die Felder des Spielplans gelegt, sodass das unterste Feld frei bleibt (Ausgangsposition). Jeder Spielzug besteht darin, mit einem Stein genau einen anderen zu überspringen, sodass man auf einem freien Feld landet. Der ***über***sprungene Stein wird entfernt. Das Spiel zeigt dem Spieler deutlich seine Leistungssteigerung, wenn zum Schluss jeweils vier, drei oder zwei Steine übrig bleiben. Bei geschicktem Vorgehen schafft man es sogar, dass nur ein einziger Stein übrig bleibt (daher der Name Solitärspiel).
Lösungshinweis: Wenn die Felder gemäß Abb. 2 durchnummeriert werden, kann die optimale Lösung, bei der am Schluss nur ein einziger Stein übrig bleibt, folgendermaßen beschrieben werden:

1. Lösung:

Zug			Entfernter Stein
8	auf	10	9
2	auf	8	5
3	auf	5	4
5	auf	9	8
10	auf	8	9
7	auf	5	6
8	auf	2	5
1	auf	5	2

letzter Stein auf 5

2. Lösung:

Zug			Entfernter Stein
8	auf	10	9
2	auf	8	5
7	auf	5	6
5	auf	9	8
10	auf	8	9
3	auf	5	4
8	auf	2	5
1	auf	5	2

letzter Stein auf 5

Abb. 2

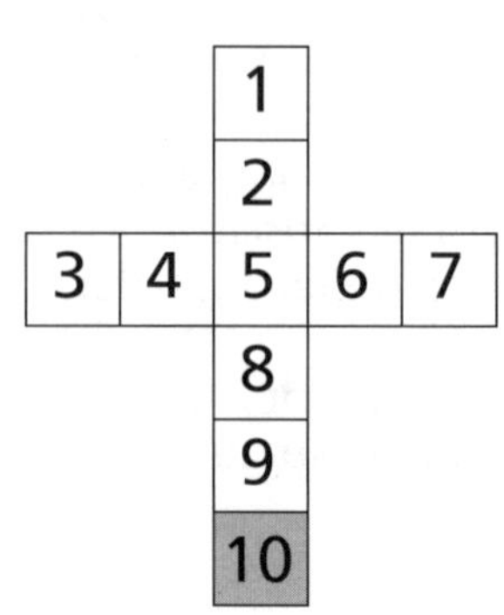

1.4 „Ko-No“

(Spielplan S. 9)

Dieses unscheinbare, aber die Konzentration der Spieler stark fordernde Spiel stammt aus dem indisch-chinesischen Kulturkreis und ist unter verschiedenen Namen bekannt.

Spielregeln

Auf dem Spielplan sind fünf kreisförmige Felder in bestimmter Weise miteinander verbunden. Die oberen beiden Felder sind am Beginn mit „blauen“, die unteren mit „roten“ Spielsteinen belegt (oder umgekehrt) (Abb. 1).

Abb. 1

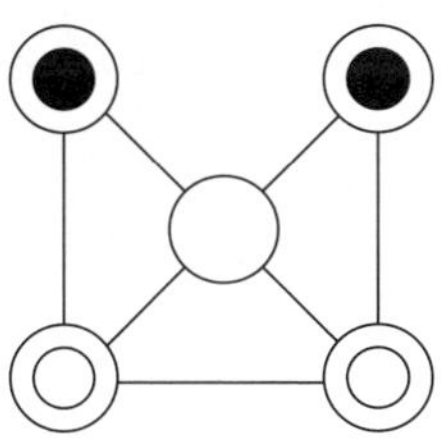

Den beiden Spielern „gehören“ jeweils die Steine einer Farbe. Abwechselnd ziehen die Spieler eine ihrer Marken ***entlang einer vorgezeichneten Linie*** auf ein Nachbarfeld. Das Ziel ist, den Gegner so zu blockieren, dass er nicht mehr ziehen kann.
Wenn beide Spieler aufpassen, können sie eine Blockade vermeiden. Wenn einer der Spieler aber in der Konzentration nachlässt, kann die folgende Konstellation eintreten (Abb. 2), bei welcher der Spieler, dessen Steine sich links unten und rechts oben befinden, am Zug ist.

Abb. 2

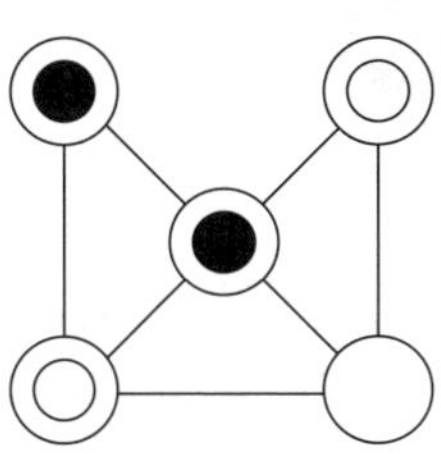

Abb. 3

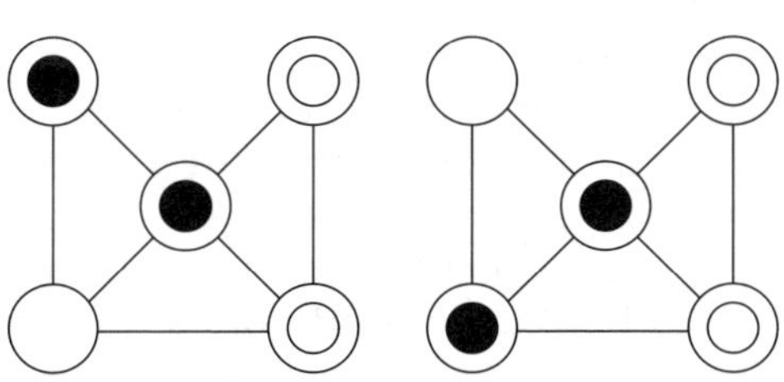

Abb. 4

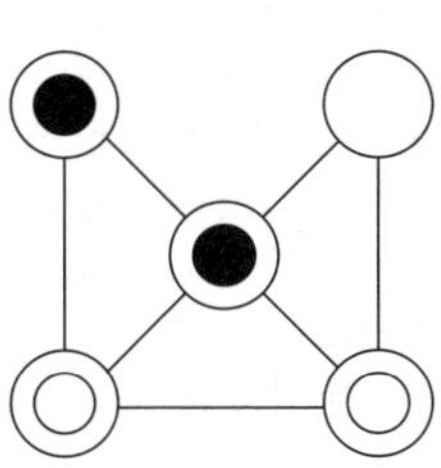

Er muss dann entweder den Stein links unten oder den Stein rechts oben auf das freie Feld ziehen:
Im ersten Fall (Abb. 3) braucht sein Gegner nur von links oben nach links unten zu ziehen und hat eine Blockade aufgerichtet. Im zweiten Fall (Abb. 4) ist dies nicht möglich.

1.5 „9er-Uhr“

(Spielplan S. 10)

Spielregeln

Auf dem Spielplan (dem Logo von „mathe 2000“) sind unmittelbare Nachbarfelder durch Striche verbunden. Die Ecken sind keine unmittelbaren Nachbarn des inneren Feldes, also mit diesem nicht durch Linien verbunden. Zu Beginn werden die Nachbarfelder von der Spitze aus im ***Uhr***zeigersinn mit den Zahlenchips von 1 bis 9 belegt; das innere Feld bleibt frei. Das ist die „9er-Uhr“ (Abb. 5).

Abb. 5

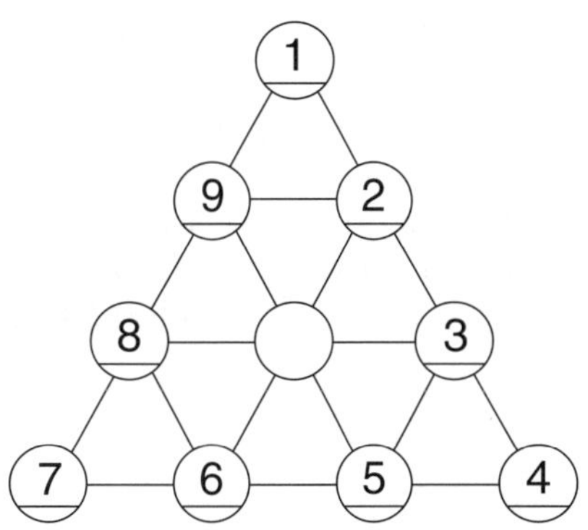

Abb. 6

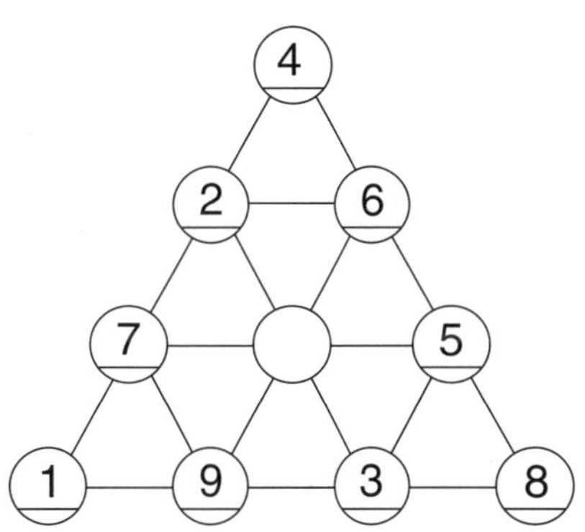

Anschließend werden die Zahlenchips auf den äußeren Feldern ***beliebig*** verteilt (z.B. wie in Abb. 6). Die Aufgabe besteht nun darin, die ursprüngliche „Uhr" wiederherzustellen. Dabei darf eine Zahl von einem Feld nur auf ein freies Nachbarfeld längs einer vorgezeichneten Linie bewegt werden. Unter Ausnutzung des inneren Feldes, auf dem Zahlen „zwischengeparkt" werden können, ist die Lösung mehr oder weniger umständlich zu erreichen. Zahl für Zahl wird an die richtige Stelle geschoben, bis die „9er-Uhr" wiederhergestellt ist.
Auch bei diesem Spiel sind Zwischenstationen möglich, wenn von der „9er-Uhr" als Ziel immer mehr Plätze richtig belegt sind. Mit wachsender Spielpraxis werden die Kinder immer mehr in die Lage versetzt, mehrere Plätze gleichzeitig im Auge zu behalten und dadurch immer schneller zur Lösung zu gelangen.

1.6 „Lege schlau"

(Spielpläne S. 11, 12, 13, 14)

In Anlehnung an das altchinesische Legespiel „Tangram" (siehe Denkspiel 2.6 in Stufe 2) ist ein quadratisches Stück Karton (10 cm Kantenlänge) gemäß Abb. 1 in 6 Formen zerschnitten (s. Beilage): 2 große Dreiecke, 1 mittleres Dreieck, 2 kleine Dreiecke und 1 Rechteck.

Abb. 1

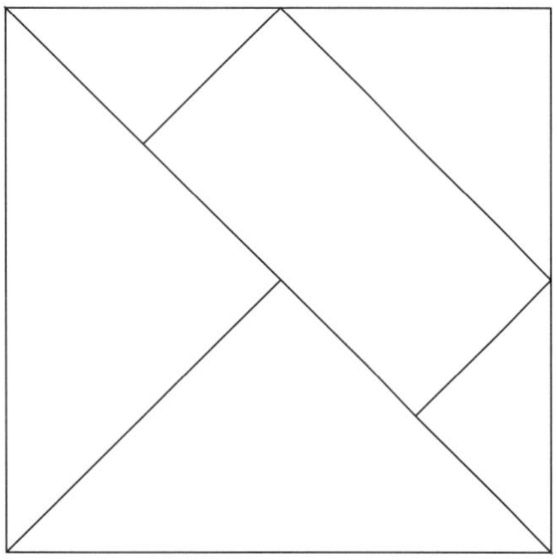

Spielregeln

Mit einigen oder allen 6 Formen sollen 14 Umrisse ausgelegt werden, wobei stets ***mehr als eine Form*** benutzt werden muss, weil sonst einige Lösungen trivial sind. Die Umrisse sind zur Unterscheidung nach Form (Rechteck, Dreieck, Haus, Quadrat) bzw. Größe (ganz klein, klein, mittel, groß, ganz groß) benannt. In den meisten Fällen gibt es mehrere Lösungen, die sich durch systematisches Probieren finden lassen, wozu das Material geradezu herausfordert (Abb. 2).

Abb. 2

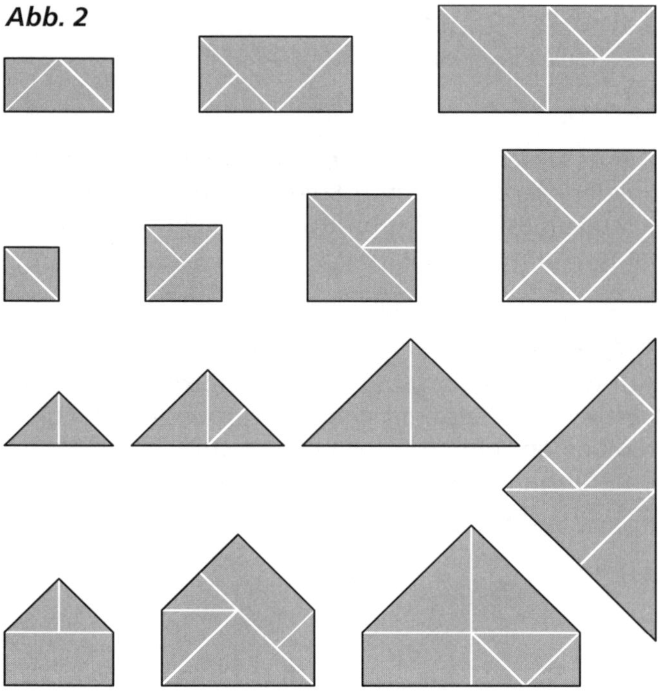

1.7 „Ausgleich der Felder"

(Spielplan S.15)

Spielregeln

Zu Beginn liegen die 12 Plättchen gemäß Abb. 3 in den Feldern des Spielplans.

Abb. 3

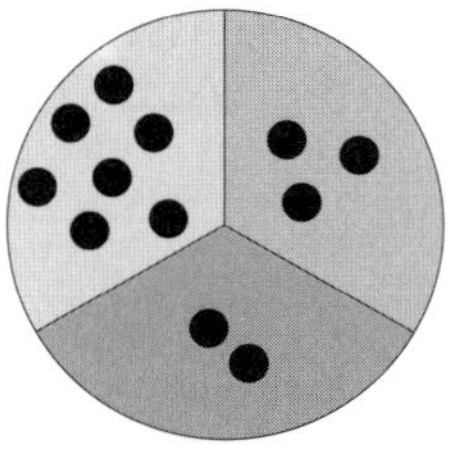

Ziel ist es, in jedem Feld gleich viele, also 4 Plättchen zu haben, wobei man bei jedem Zug von einem Feld so viele Plättchen zu einem anderen schieben muss, wie dort schon liegen (d.h. in Letzterem wird die Anzahl verdoppelt!).
Lösungshinweise: Es gibt mehrere, mehr oder weniger umständliche Lösungen. Eine kurze Lösung ergibt sich so: 2 Plättchen vom linken zum unteren Feld legen. Dann sind dort 4. Nun 3 vom linken Feld in das rechte schieben. Dann sind dort 6 und im linken 2. Schließlich 2 vom rechten Feld in das linke rücken.
Man kann das Spiel erweitern, indem man ***beliebige*** Anfangsverteilungen der Plättchen in den drei Feldern zulässt. Damit aber das Ziel „Ausgleich der Felder" stets erreichbar ist, muss man eine zweite Zugregel zulassen, die „im Notfall" angewandt werden darf: Wenn in zwei Feldern gleiche Zahlen auftreten, darf 1 Plättchen von einem Feld in das andere geschoben werden.

Beispiel: Die Ausgangsverteilung in Abb. 4 würde bei Anwendung der „Verdopplungsregel“ immer wieder zu 6, 3, 3, nur in unterschiedlicher Reihenfolge, führen. Die zweite Regel erlaubt es, dann zur Verteilung in Abb. 5 überzugehen, woraus sich dann durch Schieben von 2 Plättchen aus dem linken Feld in das untere die Lösung ergibt.

Abb. 4

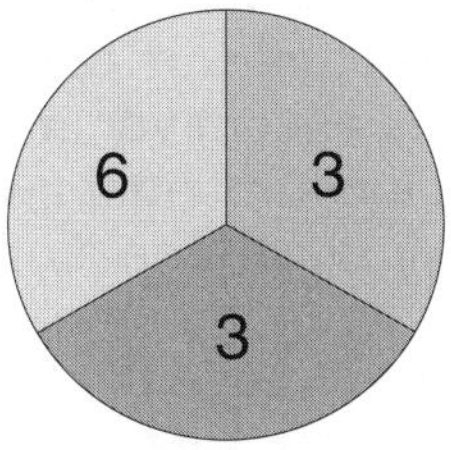

Abb. 5

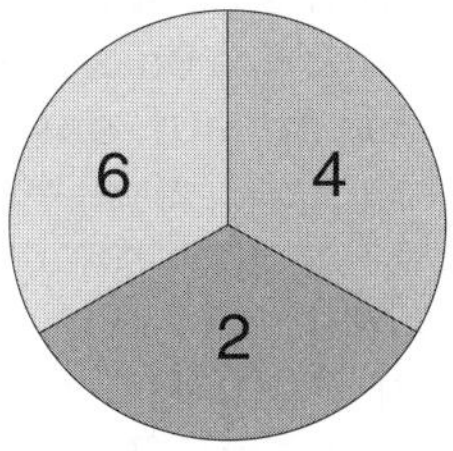

Die Zulassung beider Regeln hat den Vorteil, dass die Kinder selbst beliebige Anfangsverteilungen wählen und einen Ausgleich der Felder herbeiführen können.

1.8 „Spitze nach unten“

(Spielplan S. 16)

Spielregeln

10 Plättchen (oder gleiche Münzen, am besten 10-Cent-Münzen) werden zu Beginn in Form des „mathe 2000“-Logos angeordnet, sodass sie sich lückenlos berühren. Durch Umlegung möglichst weniger Münzen soll ein Dreieck mit der Spitze nach unten entstehen.

Bei der minimalen Lösung mit 3 Münzen werden die drei Eckplättchen gemäß Abb. 6 umgelegt:

Abb. 6

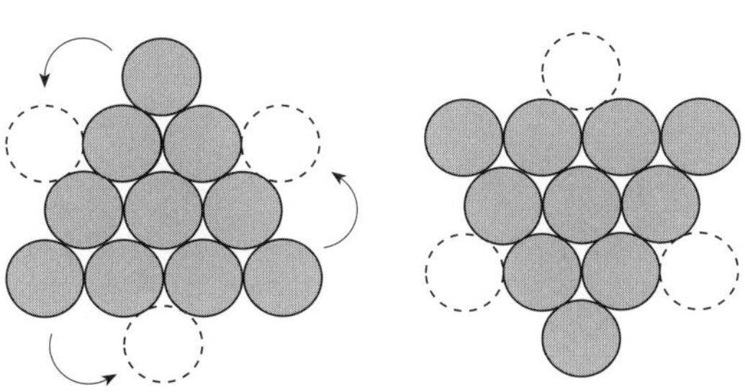

Man sollte den Kindern die Minimalzahl 3 nicht sofort nennen, sondern zunächst nur fordern, dass sie „möglichst wenige“ Plättchen umlegen, weil die schrittweise Verbesserung der Zahl spannender ist und „Zwischenerfolge“ ermöglicht. „Lösungen“ mit 6 und 4 Umlegungen sind in Abb. 7 bzw. 8 dargestellt.

Abb. 7

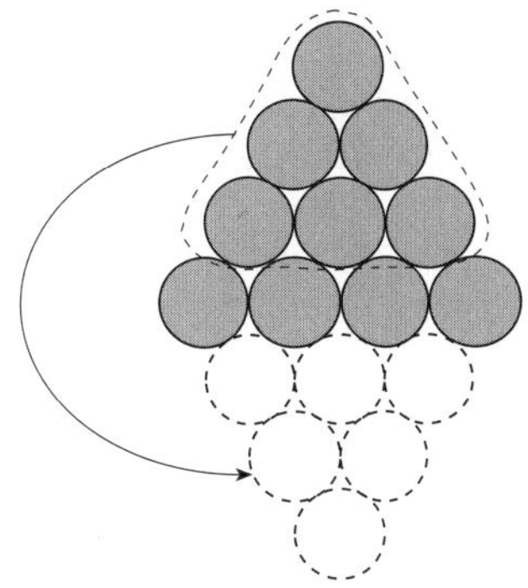

Abb. 8

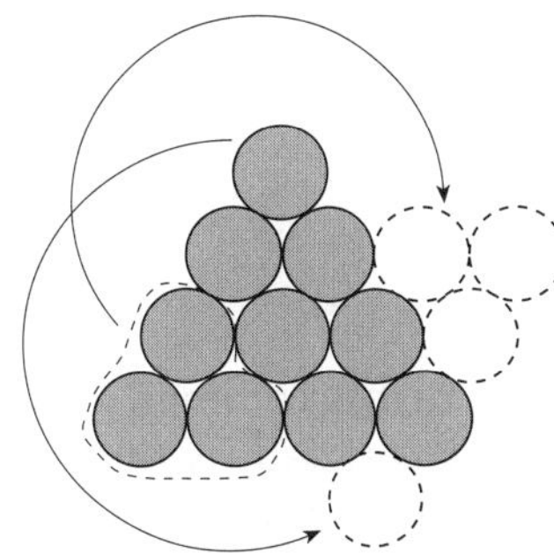

Die Aufgabe lässt sich übertragen auf Muster mit 15 Münzen (Abb. 9).

Abb. 9

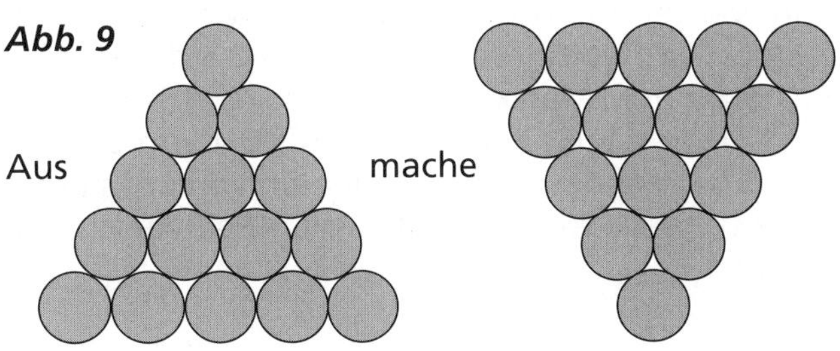

Die minimale Lösung besteht in der Verlagerung von 5 Münzen (3 von einer Ecke, je 1 von den beiden anderen).

1.9 „Enge Straße"

(Spielplan S. 17)

Spielregeln

Der Spielplan (vgl. die Skizze in Abb. 1) zeigt eine enge einspurige Straße mit einem Ausweichplatz für genau ein Auto.

Abb. 1

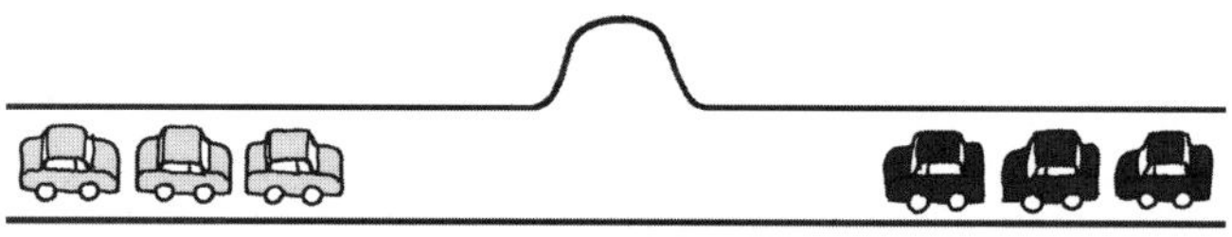

Von links und von rechts kommen je drei Autos (s.Beilage). Wie müssen die Autos rangieren, um ihren Weg fortsetzen zu können?

Lösungshinweis: Es gibt unterschiedliche Lösungen. Z.B. fährt man das erste rechte Auto auf den Ausweichplatz, setzt die restlichen rechten Autos zurück, passiert mit den drei linken Autos den Ausweichplatz, sodass das abgestellte Auto freie Fahrt hat. Dann werden die drei linken Autos wieder zurückgesetzt, das zweite rechte Auto fährt auf den Ausweichplatz usw. Man kann es auch so einrichten, dass zuerst ein von links kommendes Auto, dann ein von rechts kommendes, dann wieder ein von links kommendes Auto frei kommt usw. (Reißverschluss-System).

1.10 „Wanderer am Fluss"

(Spielplan S. 18)

Spielregeln

Der Spielplan zeigt einen Fluss eingerahmt von zwei Ufern, die durch je einen Bootssteg begrenzt werden. 2 erwachsene Wanderer und 3 Kinder (s. Beilage) erreichen den Fluss auf der linken Seite und finden ein Boot (s. Beilage) vor, in das entweder ein Erwachsener oder ***ein*** Kind oder ***zwei*** Kinder passen, nicht aber zwei Erwachsene und auch nicht ein Erwachsener zusammen mit einem Kind.

Frage: Wie kann die Gruppe trotzdem übersetzen?

Lösungshinweis: Zuerst setzen zwei Kinder über. Eines von ihnen bringt das Boot zurück. Dann fährt ein Erwachsener auf die andere Seite und das dort befindliche Kind bringt das Boot zurück. Analog wird der zweite Erwachsene auf das andere Ufer gebracht. Schließlich setzen zwei Kinder über, eines bringt das Boot zurück und nimmt das letzte Kind mit auf die andere Seite.

Das Schöne an der Aufgabe ist, dass die Kinder beim Übersetzen die Hauptrolle spielen. Sie sind es nämlich, die das Boot immer zurückbringen. Ohne die Kinder wären die Erwachsenen hilflos.

Wenn die Lösung gefunden ist und sicher reproduziert werden kann, empfiehlt sich folgende Zusatzaufgabe: ***Wie oft*** muss das Boot den Fluss insgesamt überqueren?

Lösung: Da für jeden Erwachsenen 4 Überquerungen und am Schluss für die verbleibenden drei Kinder 3 Überquerungen erforderlich sind, ergeben sich $4 + 4 + 3 = 11$ Überquerungen.

Natürlich kann man die Anzahl der Erwachsenen und der Kinder variieren. Es müssen aber immer zwei Kinder in der Gruppe sein. In jedem Spezialfall ist es interessant, die Zahl der notwendigen Überquerungen zu bestimmen.

2. Die Denkspiele der Stufe 2

(ab 7 Jahren)

Hierzu gehören folgende Spiele:

2.1 „Schiebespiele" (Platzwechsel)
2.2 „Dreiecks-Memory" (Gedächtnisspiel)
2.3 „Spring im Dreieck" (Solitärspiel)
2.4 „Mu-Torere" (Strategiespiel)
2.5 „8er-Uhr" (Anordnungsspiel)
2.6 „Tangram" (Legespiel)
2.7 „Ausgleich der Felder" (Umordnungsspiel)
2.8 „Paare verschieben" (Münzenspiel)
2.9 „Zwei auf einem Gleis" (Rangierspiel)
2.10 „Wolf, Ziege und Kohl" (Überfahrtsspiel)

2.1 „Schiebespiele"

(Spielpläne S. 19, 20)

Spielregeln
Dieses Spiel ist eine unmittelbare Fortsetzung des Denkspiels 1.1 „Schiebespiele" und hat die gleichen Spielregeln.
Lösungshinweise: Wieder kommt es darauf an, die freien Plätze optimal auszunutzen. Ein direkter Tausch von „blau" und „rot" ist nicht möglich. Man muss einige Plättchen zeitweilig wieder zurücksetzen, wie das schon beim letzten Spielplan von 1.1 der Fall war. Das macht die Schwierigkeit aus. Wesentlich ist, dass die Brücke zwischen der linken und rechten bzw. oberen und unteren Hälfte der beiden Pläne nicht in der Mitte verläuft. Ziel muss es zunächst sein, einen einzigen roten oder blauen Stein in die jeweils entfernteste Ecke der Endlage zu verschieben. Dort stört er dann den weiteren Spielverlauf nicht mehr. Für die Manipulation der verbleibenden Steine reicht der Platz dann aus.

2.2 „Dreiecks-Memory"

(Spielplan S. 21)

Spielregeln
Dieses Spiel ist eine Weiterführung des Spiels 1.2 „Dreiecks-Memory", hat die gleichen Spielregeln und lässt sich daher leicht erklären. Der Spielplan ist aber größer. Er hat zehn Reihen mit 55 Feldern, stellt also höhere Anforderungen an das Gedächtnis. Die Kandidaten müssen, während sie die Reihenfolge der Plätze angeben, im Kopf vorausrechnen.

Um den Übergang von Stufe 1 zu 2 gleitend zu gestalten, kann man die letzte, die beiden letzten Reihen oder noch mehr Reihen abdecken und erhält dann Spielpläne mit weniger Feldern.

2.3 „Spring im Dreieck"

(Spielplan S. 23)

Spielregeln
Die 9 Spielsteine (Plättchen, s. Beilage) werden so auf die Felder des Spielplans gelegt, dass das besonders gekennzeichnete Feld frei bleibt (Abb. 1).

Abb. 1

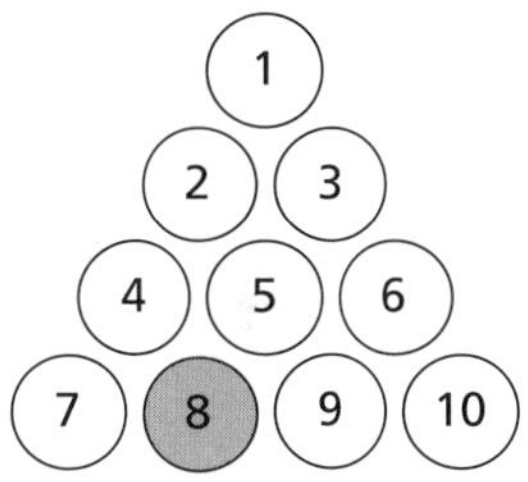

Wie bei dem Spiel 1.3 „Die springenden Steine" besteht jeder Spielzug darin, mit einem Stein genau einen anderen zu überspringen, sodass man auf einem freien Feld landet. Der ***über***sprungene Stein wird entfernt. Ziel ist es, ***möglichst viele*** Steine „abzuräumen". Bei geschicktem Vorgehen schafft man es sogar, dass nur ein einziger Stein übrig bleibt (daher der Name „Solitärspiel").
Lösungshinweis: Wenn die Felder gemäß Abb. 1 nummeriert werden, kann man eine optimale Lösung, bei der am Schluss nur ein einziger Stein übrig bleibt, folgendermaßen beschreiben:

Zug			Entfernter Stein
10	auf	8	9
7	auf	9	8
3	auf	10	6
10	auf	8	9
2	auf	9	5
9	auf	7	8
7	auf	2	4
1	auf	4	2

Die Kinder können ihre „Leistungen" nach der Notenskala bewerten: 1 Stein übrig „sehr gut", 2 Steine übrig „gut" usw.

2.4 „Mu-Torere“

(Spielplan S. 24)

Dieses unscheinbare aber die Aufmerksamkeit der Spieler stark fordernde Spiel stammt aus dem indonesischen Kulturkreis und ist unter verschiedenen Namen bekannt.

Spielregeln

Die Felder des Spielplans werden gemäß Abb. 1 mit blauen und roten Steinen belegt; das mittlere Feld bleibt frei.

Abb. 1

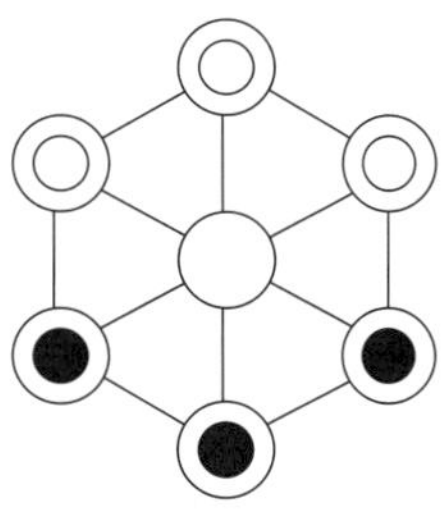

Den beiden Spielern gehören jeweils die Steine einer Farbe. Abwechselnd ziehen die Spieler eine ihrer Marken ***entlang einer Linie*** auf ein Nachbarfeld. Ziel ist es, den Gegner zu blockieren, sodass er nicht mehr ziehen kann. Der erste Spieler darf aber nicht gleich beim ***ersten Zug*** blockieren, d.h. er darf den ersten Zug nicht mit dem mittleren seiner drei Steine ausführen.

Wie bei dem Spiel 1.4 „Ko-No“ von Stufe 1 können es beide Spieler bei geschickter Spielweise vermeiden, dass sie verlieren. Nur bei nachlassender Konzentration erhält der Gegner eine Gewinnchance.

2.5 „8er-Uhr“

(Spielplan S. 25)

Das Spiel ist analog zum Spiel 1.5 „9er-Uhr“.

Spielregeln

Die Zahlenchips von 1 bis 8 werden zuerst zweimal der Reihe nach auf die acht Randfelder des Spielplans gelegt, einmal im Uhrzeigersinn („8er-Uhr“, Abb. 2), das andere Mal entgegen dem Uhrzeigersinn („verkehrte 8er-Uhr“, Abb. 3).

Abb. 2

⑧	①	②
⑦		③
⑥	⑤	④

Abb. 3

②	①	⑧
③		⑦
④	⑤	⑥

Dann werden die acht Zahlenchips (kurz: Zahlen) ***beliebig*** auf den Randfeldern verteilt; das mittlere Feld bleibt frei. Bei jedem Zug darf eine Zahl auf ein freies Nachbarfeld geschoben werden. Ziel ist es, am Schluss entweder die „8er-Uhr“ oder die „verkehrte 8er-Uhr“ herzustellen. Unter Ausnutzung des inneren Platzes lässt sich das Ziel schrittweise erreichen.

Je nach Platzierung der Zahlen kann ***entweder*** nur die „8er-Uhr“ ***oder*** die „verkehrte 8er-Uhr“ erreicht werden. Es ist nicht möglich, durch Verschieben von Zahlen von der einen Endform zur anderen zu gelangen. Der mathematische Grund für diese Eigentümlichkeit liegt darin, dass die 40320 ($= 8 \cdot 7 \cdot 6 \cdot 5 \cdot 4 \cdot 3 \cdot 2 \cdot 1$) verschiedenen Platzierungen der Zahlen auf den acht Randfeldern zwei getrennte Klassen bilden, die bei regelgerechtem Verschieben der Zahlen nicht vermischt werden können. Die „8er-Uhr“ und die „verkehrte 8er-Uhr“ gehören zu je einer der beiden Klassen.[1]

2.6 „Tangram“

(Spielpläne S. 26, 27, 28, 29, 30)

Dieses altchinesische Spiel gehört zu den berühmtesten Denkspielen der Welt. Es zeichnet sich durch eine unerschöpfliche Vielfalt von Legemöglichkeiten aus, von der hier nur ein winziger Ausschnitt betrachtet wird. Vorbereitet wurde das Tangram in Stufe 1 durch das Spiel 1.6 „Lege schlau“.

Spielregeln

Die Formen des Tangram-Spiels ergeben sich durch bestimmte Streckenhalbierungen in einem Quadrat (Abb. 4).

[1] Eine der beiden Klassen wird von den sogenannten „geraden“ Permutationen der Zahlen von 1 bis 8, die andere von den „ungeraden“ Permutationen gebildet.

Abb. 4

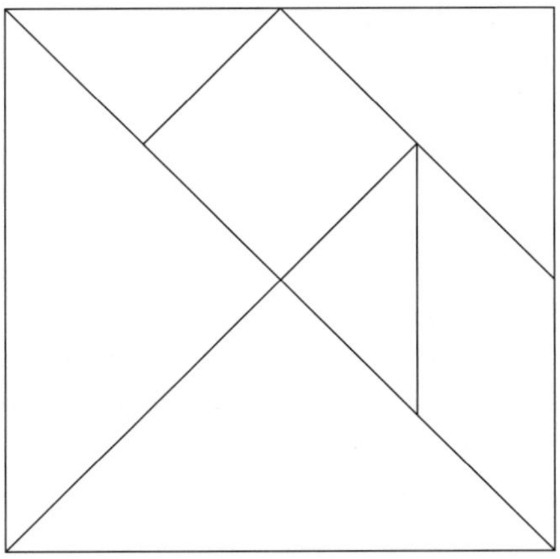

Mit den 7 entstehenden Formen (s. Beilage) sollen 13 vorgegebene Umrisse ausgelegt werden. Das sind alle Vielecke ***ohne*** einspringende Ecken, die man mit dem Tangram überhaupt legen kann. Zur Unterscheidung sind sie nach ihrer geometrischen Form benannt.
Mögliche Lösungen (Abb. 5):

Abb. 5

Einige dieser Figuren sind aus anderen durch Umlegen von Formen zu erhalten, z.B. das Trapez und das Dreieck aus dem Rechteck. Bei den meisten muss man allerdings individuelle Einpassungen vornehmen.

2.7 „Ausgleich der Felder"

(Spielplan S. 31)

Dieses Spiel setzt die einfachere Version von Stufe 1 (Spiel 1.7) fort. Da größere Plättchenzahlen unhandlich sind, werden als „Spielmaterial" 30 1-Cent-Münzen und 15 5-Cent-Münzen benötigt. Das Spiel schult somit auch den Umgang mit Geld.

Spielregeln
Zu Beginn wird der Geldbetrag ***48 Cent*** gemäß Abb. 1 auf die drei Felder des Spielplans verteilt:

Abb. 1

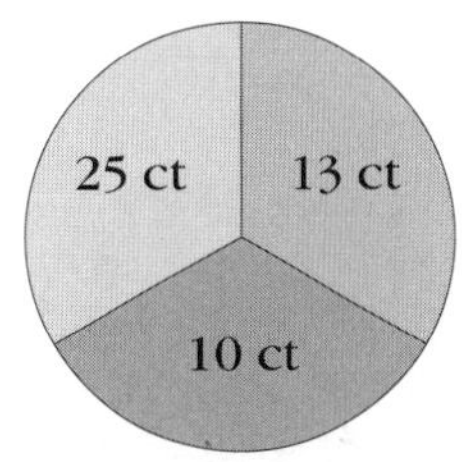

Ziel ist es, in jedem Feld den gleichen Betrag (d.h. 16 Cent) zu haben, wobei man bei jedem Zug von einem Feld so viel Geld zu einem anderen schieben muss, wie dort schon liegt (d.h. in Letzterem wird der Betrag verdoppelt!). Es kommt dabei nur auf den Geldbetrag, nicht auf die Münzen als solche an. Man darf z.B. von einem Feld 2 5-Cent-Münzen auf ein anderes schieben, auf dem 5 1-Cent-Münzen und 1 5-Cent-Münze liegen. Falls erforderlich, dürfen vor einem Zug ein oder mehrere 5-Cent-Münzen in 1-Cent-Münzen gewechselt werden. Zur Erhöhung der Übersichtlichkeit darf man auch in 5-Cent-Münzen wechseln. Bei obigem Beispiel verläuft die Lösung wie in Abb. 2 dargestellt.

Abb. 2

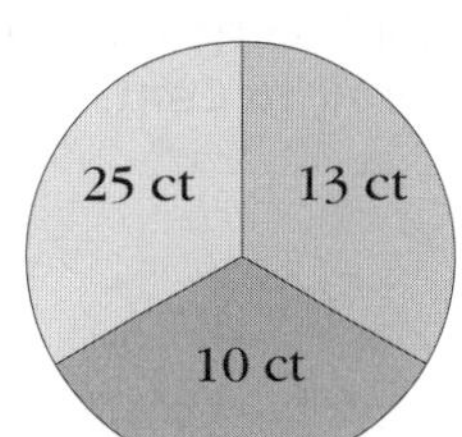

10 Cent vom linken zum unteren Feld schieben.

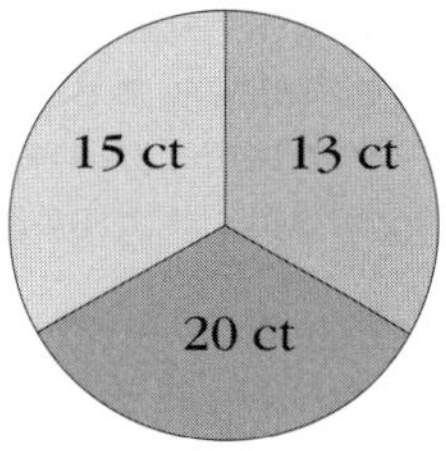

13 Cent vom linken zum rechten Feld schieben.

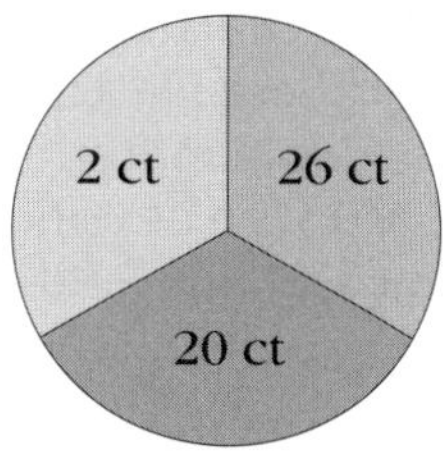

2 Cent vom rechten Feld ins linke Feld zurückschieben.

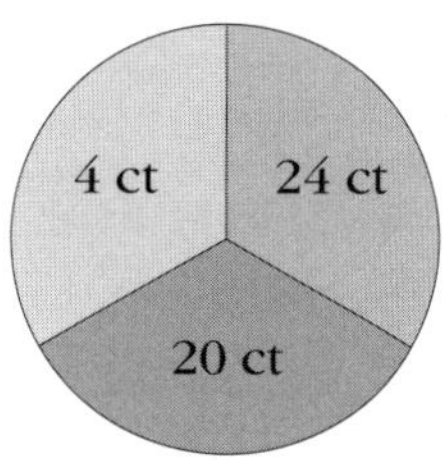

4 Cent vom unteren Feld ins linke Feld schieben.

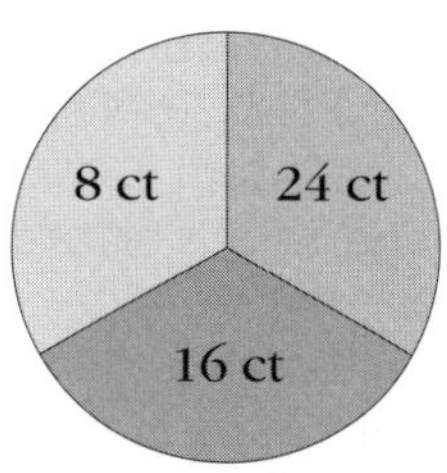

Schiebt man nun 8 Cent vom rechten Feld ins linke, so sind überall 16 Cent.

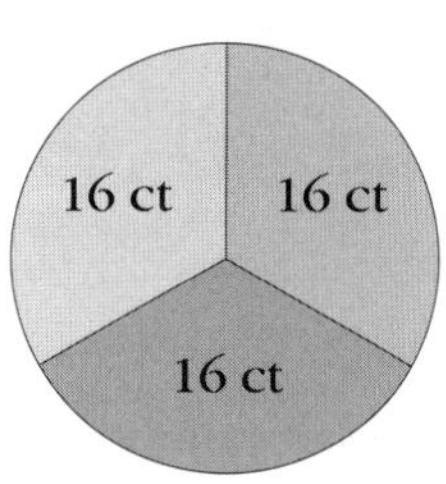

Wenn man den Ausgleich der Felder ausgehend von einer ***beliebigen*** Anfangsverteilung des Betrags 48 Cent erreichen will, muss man eine Zugregel zulassen, die „im Notfall" angewandt werden kann: Wenn sich bei gleichen Beträgen in zwei Feldern ein „toter Punkt" ergibt, darf 1 Cent von einem Feld in das andere geschoben werden.
Beispiel: Die Ausgangsverteilung in Abb. 3 lässt sich durch alleinige Anwendung der Verdopplungsregel nicht in die Zielverteilung „16 Cent in jedem Feld" überführen, sondern reproduziert sich selbst. Die Anwendung der „Notfallregel" führt auf 24 Cent, 13 Cent und 11 Cent, von wo aus der Ausgleich der Felder mit Hilfe der Verdopplungsregel möglich ist.

Abb. 3

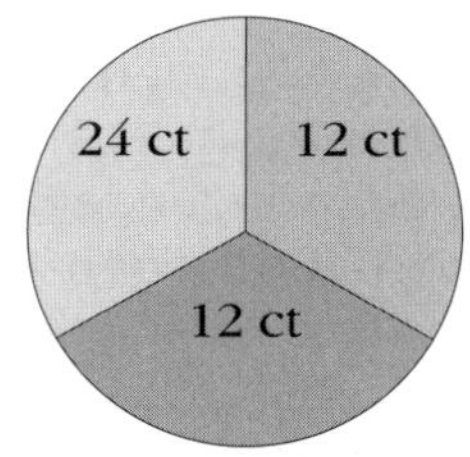

Die Zulassung beider Regeln hat den Vorteil, dass sich die Kinder selbst beliebige Anfangsverteilungen vorgeben können. Das Spiel wird dadurch abwechslungsreicher.
Wenn das Spiel gut beherrscht wird, kann man es mit dem Ausgangsbetrag ***96 Cent*** statt 48 Cent spielen. Ziel ist es dann, auf jedem Feld 32 Cent zu erreichen.

2.8 „Paare verschieben"

(Spielplan S. 32)

Benötigt werden 3 rote und 3 blaue Spielsteine bzw. Plättchen oder je drei Münzen zweier verschiedener Sorten (z.B. 3 1-Cent-Münzen und 3 5-Cent-Münzen).

Spielregeln
Die Plättchen (bzw. Spielsteine, Münzen) liegen zu Beginn so in der Mitte des Spielplans, dass drei Plättchen einer Farbe (bzw. Münzen einer Sorte) links, drei Plättchen der anderen Farbe (bzw. Münzen der anderen Sorte) rechts liegen. Außen sind jeweils zwei Felder frei (Abb. 1).

Abb. 1

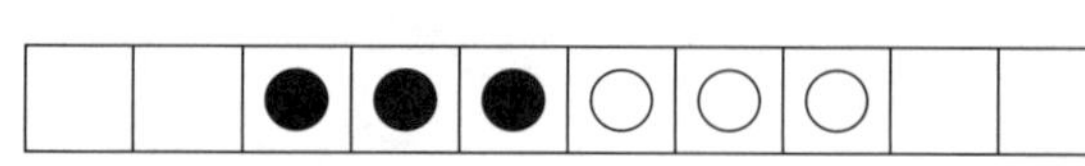

Ein Spielzug besteht darin, ein Paar von ***benachbarten*** Plättchen auf zwei ***freie Nachbarfelder*** zu verschieben, ohne dass die Reihenfolge dieser Plättchen verändert wird. Das linke Plättchen eines Paares muss also auch in der neuen Position links vom anderen liegen.
Ziel ist es, eine Endposition zu erreichen, bei der die sechs Plättchen wieder lückenlos ***nebeneinander*** liegen, jedoch mit ***abwechselnden Farben*** (bzw. bei den Münzen mit abwechselnden Sorten), sodass außen wieder jeweils zwei Felder frei sind.
Natürlich kann das Spiel auch in der umgekehrten Richtung gespielt werden: von der abwechselnden Lage der Farben (Sorten) zur getrennten.
Lösungshinweis: Die optimale Lösung kommt mit vier Zügen aus (Abb. 2).

Abb. 2

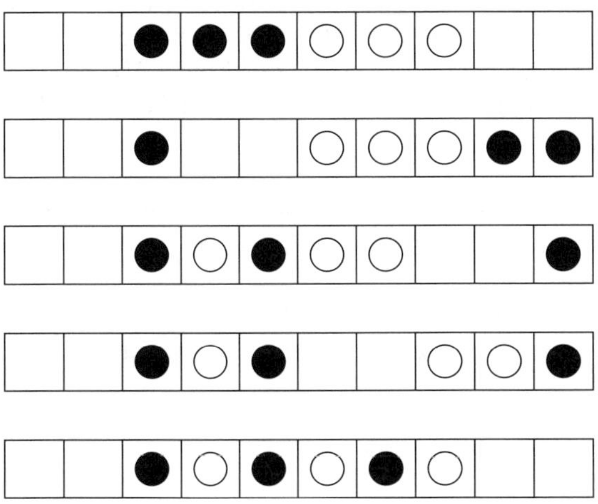

Die ersten Lösungen der Kinder werden aber viel umständlicher sein und sich nach einigem Probieren mehr oder weniger zufällig einstellen, sodass die Kinder gar nicht mehr wissen, wie sie zur Lösung gekommen sind. Damit die Kinder bewusst Fortschritte erzielen können, sollten sie angehalten werden, vor jedem Zug die verschiedenen Möglichkeiten festzustellen und sie auf ihre Wirkung zu überprüfen. Wenn die Lösung beherrscht wird, kann das Spiel auch mit „lebendigen" Spielsteinen, nämlich mit Kindern, gespielt werden: Es werden 10 Stühle aufgereiht. 3 Jungen und 3 Mädchen setzen sich gemäß Abb. 1 auf die sechs mittleren Stühle. Links und rechts bleiben zwei Stühle frei. Bei jedem Spielzug müssen sich zwei benachbarte Kinder an den Händen fassen, zwei freie Nachbarstühle suchen, sich hinsetzen und dann die Hände wieder loslassen. Das Händefassen sorgt dafür, dass die Reihenfolge richtig beibehalten wird. Ziel ist eine „bunte" Reihe (auch „westfälische" Reihe genannt).

2.9 „Zwei auf einem Gleis"

(Spielplan S. 33)

Spielregeln

Der Spielplan zeigt eine einspurige Bahnstrecke mit einem Ausweichgleis, auf dem eine Lokomotive und zwei Wagen Platz haben. Auch auf dem Gleisstück parallel zum Nebengleis haben nur eine Lok und zwei Wagen Platz. Rechts und links gehen die Gleise weiter.

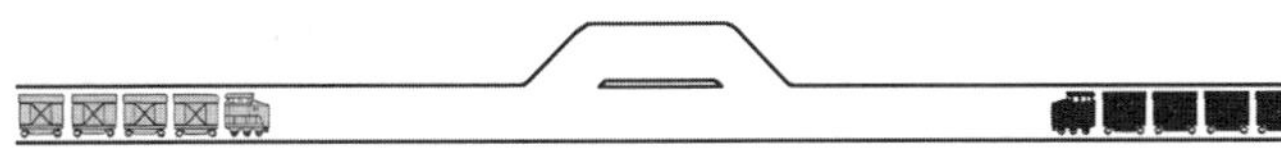

Von links und von rechts kommt je ein Zug mit einer Lokomotive und vier Wagen.
Frage: Wie müssen die Lokomotivführer rangieren, um ihren Weg fortsetzen zu können?
Dabei sind folgende Rangiermanöver möglich:

1. Die Loks können vor- und rückwärts fahren.
2. Die Wagen dürfen sowohl gezogen als auch geschoben werden.
3. Die Wagen können beliebig an- und abgekoppelt werden.

Lösung:

1. Die „blaue" Lok fährt mit zwei ihrer Wagen auf das Nebengleis.

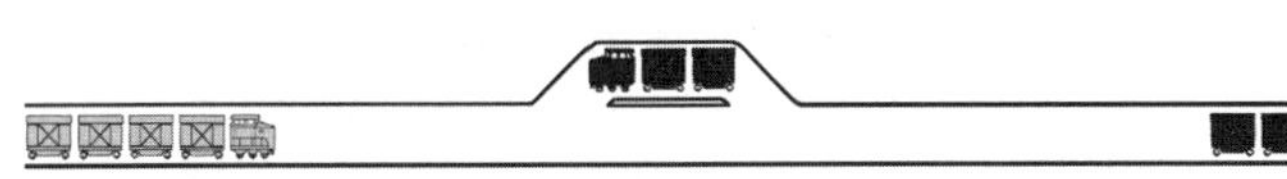

2. Der „rote" Zug passiert das Nebengleis.

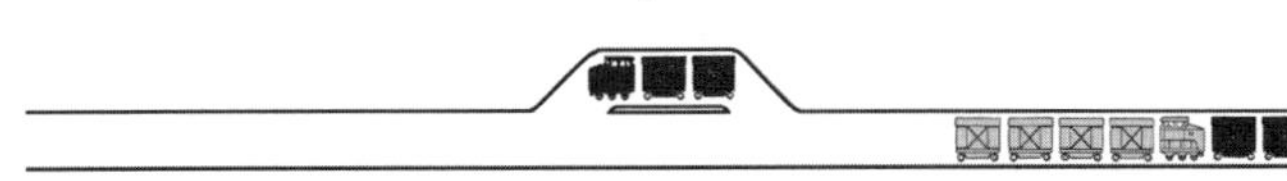

3. Damit wird der Weg frei für die „blaue" Lok mit ihren zwei Wagen. Sie verlässt das Nebengleis in der gewünschten Richtung und bleibt ein Stück weiter stehen.

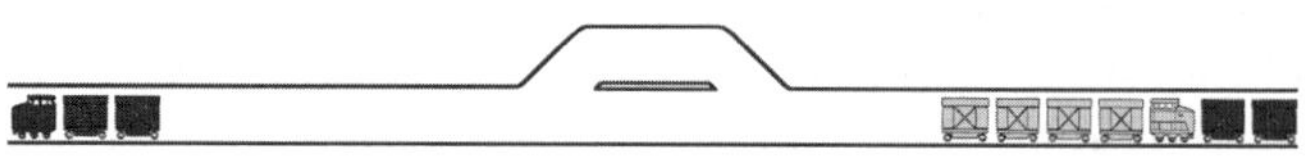

4. Die „rote" Lok koppelt nun die zwei zurückgebliebenen Wagen des anderen Zuges an, zieht sie auf das Nebengleis und koppelt wieder ab.

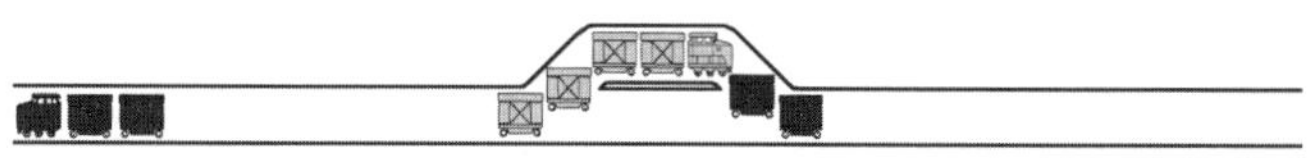

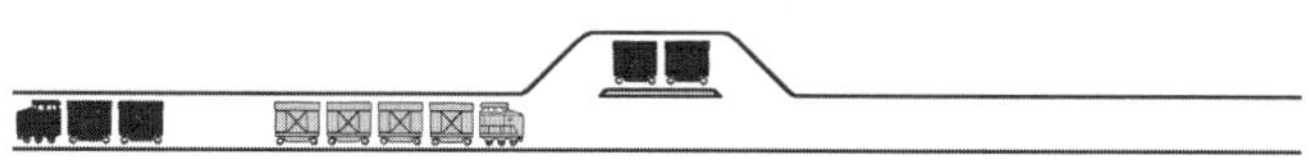

5. Die „rote" Lok setzt nun mit ihren vier Wagen rückwärts auf die Hauptstrecke und hat dann in der gewünschten Richtung freie Fahrt.

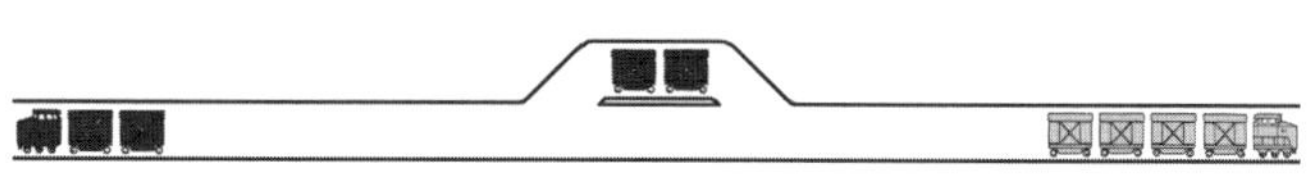

6. Nun setzt die „blaue" Lok mit ihren zwei Wagen zurück auf das Nebengleis, koppelt ihre zwei zurückgelassenen Wagen an und fährt ebenfalls in der gewünschten Richtung weiter.

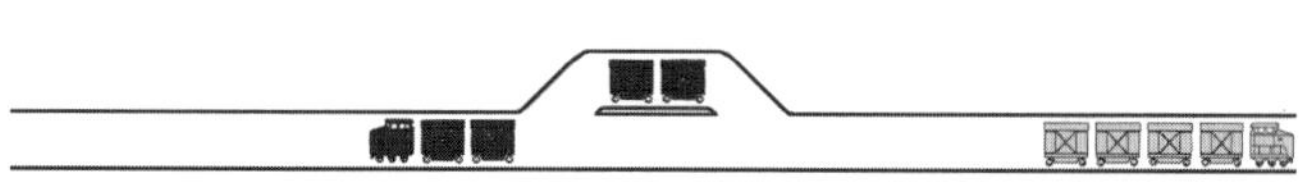

2.10 „Wolf, Ziege und Kohl"

(Spielplan S. 34)

Dieses Spiel stammt aus einer Sammlung von Aufgaben, die der irische Mönch Alkuin, der „Kultusminister" Karls des Großen, im 8. Jh. für den Unterricht in Klosterschulen verfasst hat.

Spielregeln

Der Spielplan zeigt einen Fluss eingerahmt von zwei Ufern. Der Bauer steht mit dem Wolf, der Ziege und dem Korb voll Kohl auf einem Ufer des Flusses und möchte mit beiden Tieren und dem Kohl übersetzen. Zur Verfügung steht aber nur ein kleines Boot, in welchem außer dem Bauern ***entweder*** nur der Wolf ***oder*** die Ziege ***oder*** der Kohl Platz hat. Nun sollen die Tiere und der Kohl unversehrt am anderen Ufer ankommen und auch dort unbeschadet bleiben. Wenn aber der Bauer den Wolf und die Ziege unbeaufsichtigt lässt, frisst der Wolf die Ziege. Wenn Ziege und Kohl unbeaufsichtigt bleiben, frisst die Ziege den Kohl.

Frage: Wie muss es der Bauer bei seinen Überfahrten einrichten, dass alles heil bleibt?

Lösungshinweise:
Es gibt genau zwei optimale Lösungen:

1. Der Bauer setzt zuerst die Ziege über und fährt wieder zurück.

2. Er setzt den Wolf (bzw. Kohl) über und nimmt die Ziege mit zurück.

3. Dann bringt er den Kohl (bzw. den Wolf) zum anderen Ufer, wo sich schon der Wolf (bzw. Kohl) befindet.

4. Schließlich holt er die Ziege nach.

Auch bei diesem Spiel kommen die Kinder nur zur Lösung, wenn sie sich zwischendurch scheinbar wieder vom Ziel entfernen: Die Ziege, die schon am anderen Ufer ist, muss wieder zurückgebracht werden. Wie bereits angemerkt, ist dies eine für Denkspiele typische Situation.

programm mathe 2000

Herausgegeben von Prof. Dr. Erich Ch. Wittmann
und Prof. Dr. Gerhard N. Müller

programm mathe 2000
von
Prof. Dr. E. Ch. Wittmann
und Prof. Dr. G. Müller

Die im Forschungsprojekt „mathe 2000" der Universität Dortmund entwickelten Materialien sind Spitzenprodukte modernen Lerndesigns. Sie bieten Kindern und Erwachsenen anregende Aktivitäten zur spielerischen Entfaltung der Zahl- und Raumanschauung, des logisch-kombinatorischen Denkens und der Kreativität.

Bitte beachten Sie auch folgende Titel in der Reihe **„Spielen und Denken"**:

Spielen und Überlegen – Die Denkschule · Teil 2
von Gerhard N. Müller und Erich Ch. Wittmann
Best.-Nr. 199023 i.Vb.

Die Fortsetzung von Teil 1 bietet 20 weitere systematisch angeordnete Denkspiele für die Stufen 3 und 4 für Spieler ab 8 Jahren, mit erhöhtem Schwierigkeitsgrad – ein motivierendes Training für die grauen Zellen!
Komplett mit Spielplänen, Spielmaterialien und Anleitungen.

Spiegeln mit dem Spiegel
von Hartmut Spiegel
Best.-Nr. 199071

Anregende Spiegelspiele mit einem einfachen Handspiegel zum Probieren und Entdecken symmetrischer Figuren (ab 7 Jahren).

Spiegeln mit dem Spiegelbuch
von Gerhard N. Müller und Erich Ch. Wittmann
Best.-Nr. 199072

Das „Spiegelbuch" – zwei wie Buchdeckel verbundene Spiegel – hat zwar keine Seiten, aber es zeigt eine unendliche Vielfalt symmetrischer Figuren, die über herausfordernde Aufgaben erschlossen werden. Ab 9 Jahren.

Schauen und Bauen – Geometrische Spiele mit Quadern
von Gerhard N. Müller, Martina Röhr und Erich Ch. Wittmann
Best.-Nr. 199075

Ein Spiel zur Schulung der Raumanschauung und des kooperativen Arbeitens für 4 Spieler ab 9 Jahren. Bei jeder der etwa 50 Aufgaben erhält jeder Spieler ein Kärtchen, das drei Quader („Gebäude") aus „seiner" Himmelsrichtung zeigt. Keiner der Spieler hat die volle Information, wie die Gebäude aufzustellen sind. Zur Lösung der Aufgabe ist Kooperation erforderlich!
Komplett mit Aufgabenkarten, Spielplan und Spielmaterialien.

Im Programm mathe 2000 ist auch **Das Zahlenbuch** erschienen, ein innovatives Mathematiklehrwerk für Grundschulen.

Weitere Anregungen und Informationen entnehmen Sie bitte unserem Katalog Grundschule, den Sie kostenlos anfordern können:

Ernst Klett Grundschulverlag
Postfach 1170
71398 Korb